おやつに、手みやげに。ちょっと特別な

大人の果物菓子

yuka*cm

大和書房

はじめに

この本を手に取っていただき、どうもありがとうございます。フードコーディネーターのyuka*cm（ユカセンチ）と申します。

今回は私のお菓子づくりのテーマでもある茶色い焼き菓子、地味菓子と果物をテーマにしたレシピ本となりました。

果物を使うことでオーソドックスな焼き菓子にはない、酸味やジューシーさがプラスされます。今回はこの本のために何度も試作を重ねて新しいレシピ32点を掲載しました。マロンとカシス、桃とアールグレイ、アプリコットとココナッツなど、組み合わせの妙を楽しんでいただければと思います。

もちろん旬の果物を合わせたレシピもありますが、通年楽しんでいただけるようにジャムやドライフルーツなどの加工品も使用しました。また、焼き菓子にただ果物をプラスしただけにならないように、相乗効果でおいしくなるようなレシピにすることを心がけました。果物を加えることで見た目が華やかになるので、手みやげにしてもらうのにもぴったりだと思います。

前回のレシピ本、『愛すべき地味菓子』はたくさんの方に手に取っていただき、多くのコメントや感想をいただきました。その中で、おうちで本格的なお菓子を作って楽しんでいる方が増えているんだなと、とても嬉しくなりました。お菓子づくりの困った悩みや、リクエストなどみなさんのご意見をできるだけ反映したいと思いながら制作したので、毎日のお菓子づくりに寄り添う本になっていることを願います。

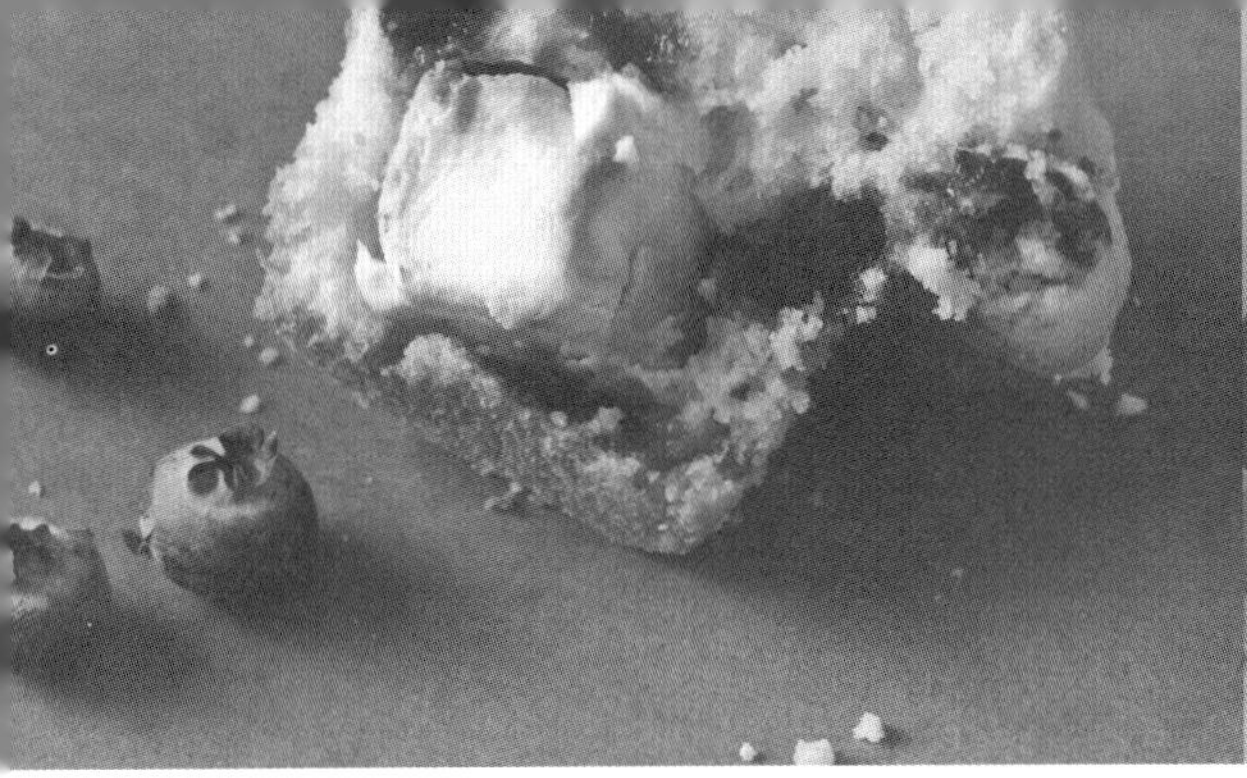

目次

PART. 1
一台まるごと果物菓子

【この本の決まり】
・オーブンの焼成温度と時間は目安です。
・オーブンはすべて中段で焼成しています。
・電子レンジは500Wです。
・特に記述のないものは予熱温度でそのまま焼いてください。
・塩ひとつまみは親指、人差し指、中指の3本でつまんだものです。
・卵の目安はL玉1個＝60gですが、個体差があるので量ってください。
・小さじ1＝5mℓ、大さじ1＝15mℓ、1カップ＝200mℓです。
・シルパンとシルパットはクッキングシートで代用可です。

【マークの説明】
Level ↓ 難易度のマーク
45min ↓ 作業時間のマーク
30min ↓ 焼成時間のマーク
1h ↓ 寝かせる時間のマーク
12h ↓ 冷やす時間のマーク

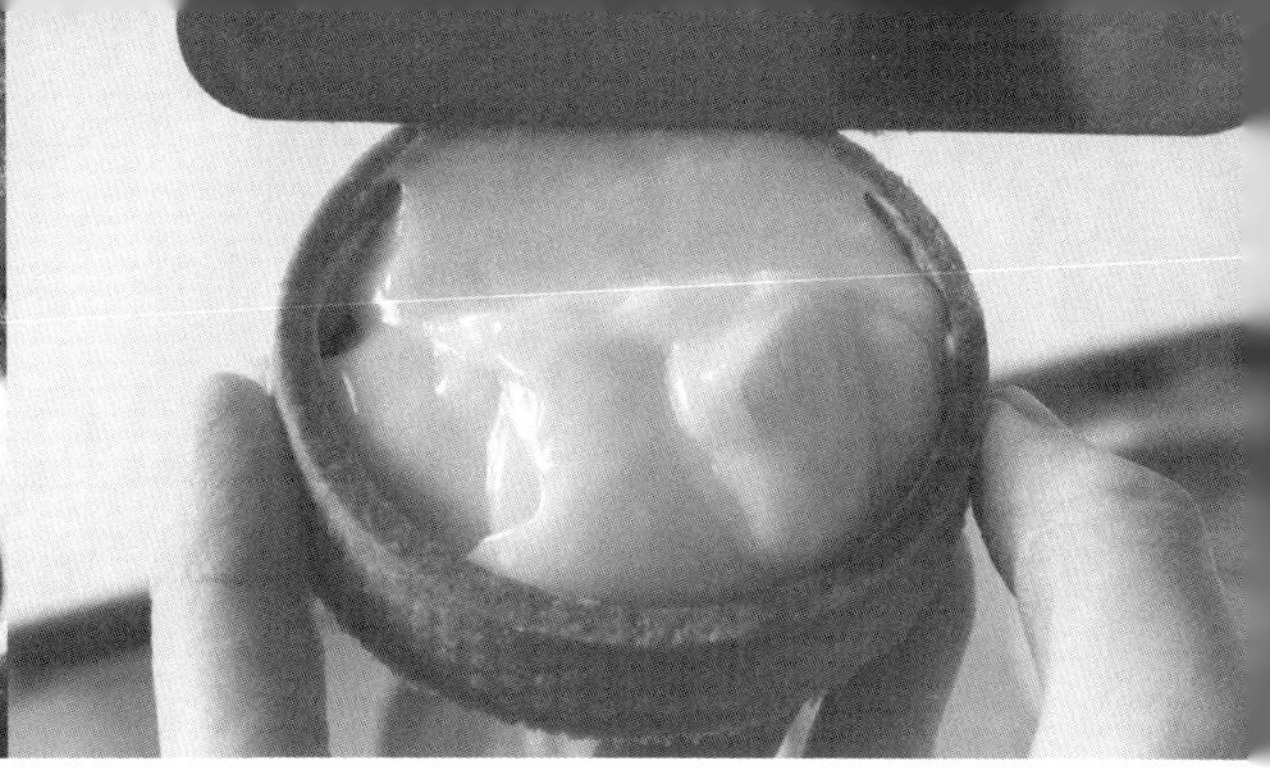

PART. 2 小さな果物菓子

PART. 3 定番の果物菓子

COLUMN.

お菓子づくりのポイント

本書に出てくるお菓子をつくるときに、知っておきたいお菓子づくりのポイントをご紹介します。仕上がりをきれいにするために、ぜひ取り入れてみてください。

型の準備

油脂を塗る

1. 型に生地を入れる前の準備としてまず、刷毛などを使い、常温に戻した無塩バターを塗ります。

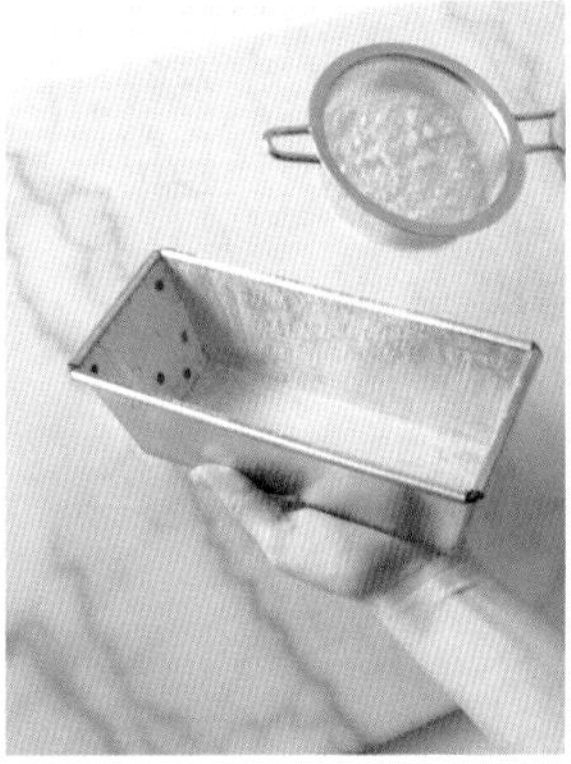

粉をふるう

2. レシピによって茶こしを使って強力粉か、指でグラニュー糖を型の内側全体にふりかけていきます。

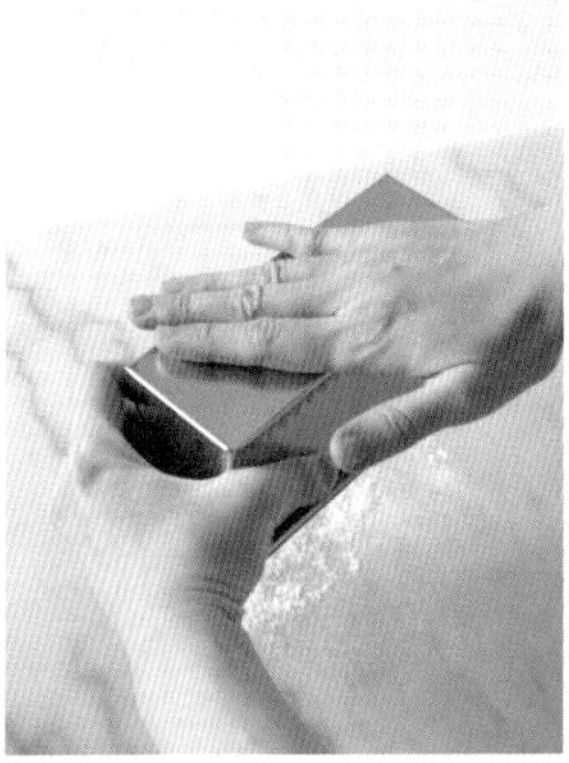

余分な粉をはたく

3. 型を逆さにしてトントンと叩き、余分な粉をふり落とします。

完成

4. これで完成です。生地を焼成した後、下準備をしておくことで型離れがよくなります。

混ぜ方

1. 重い生地のときは、ホイッパーを写真のように力強く持って大きく混ぜます。

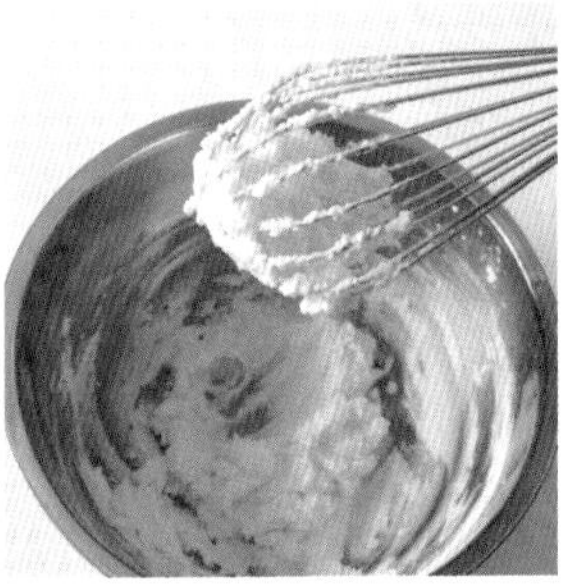

2. 混ぜていると生地がホイッパーに溜まってくるので、その都度落としながら混ぜます。

生地の取り方

1. ボウルを傾け、底から集めるようにゴムベラを使って生地を集めていきます。

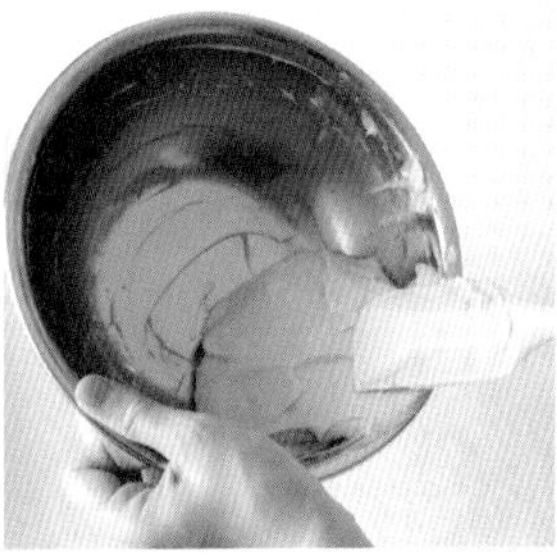

2. 最後はゴムベラの淵の生地もボウルにまとめれば、無駄なく生地を取り出せます。

生地の切り方

包丁を温める

1.　使う包丁の温度が大事。お湯に包丁の刃を浸し、温めます。

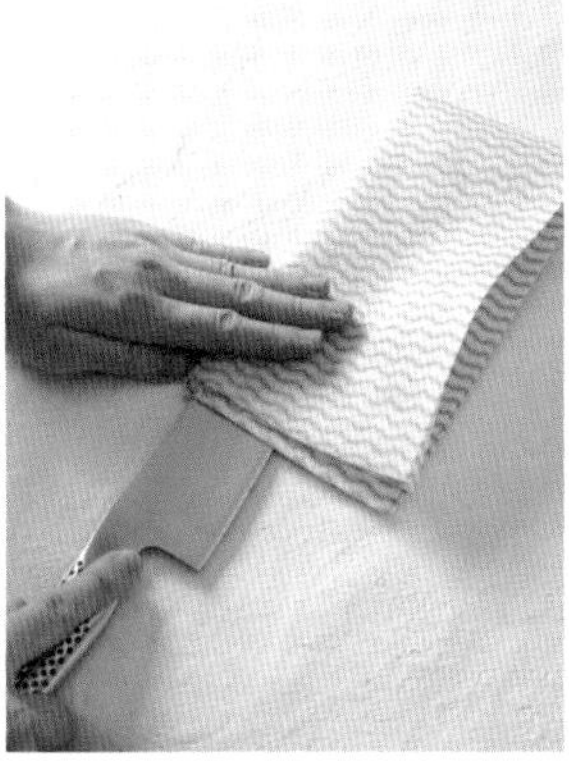

包丁を拭く

2.　温めた包丁をお湯から出し、クロスなどで水分をきちんと拭き取ります。

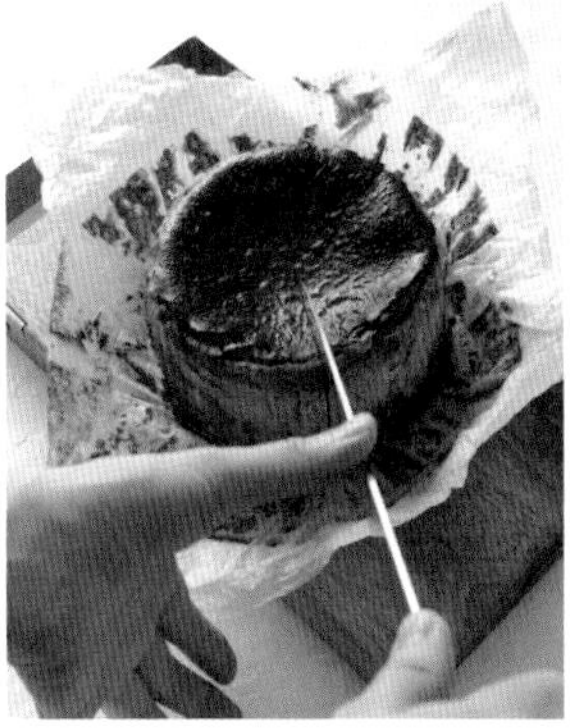

力まずに切る

3.　切るときは無理に力を入れず、刃の重さで自然に切れているようなイメージで。

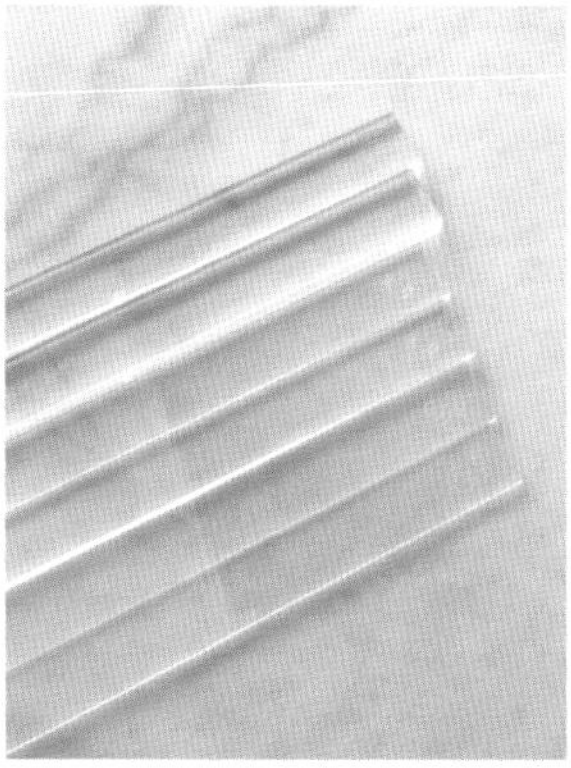

厚み定規を使う

Point　厚さの指定がある場合は、厚み定規を使うと間違いがありません。生地の横に置いて使います。

型紙の敷き方

十字にシートを渡す

1.　まず最初に、細長く切ったクッキングシート２枚を十字に渡します。

側面と底をつける

2.　次に型の側面に型紙を沿わせ、底面の部分も輪郭に沿わせるようにセットします。

生地ののばし方

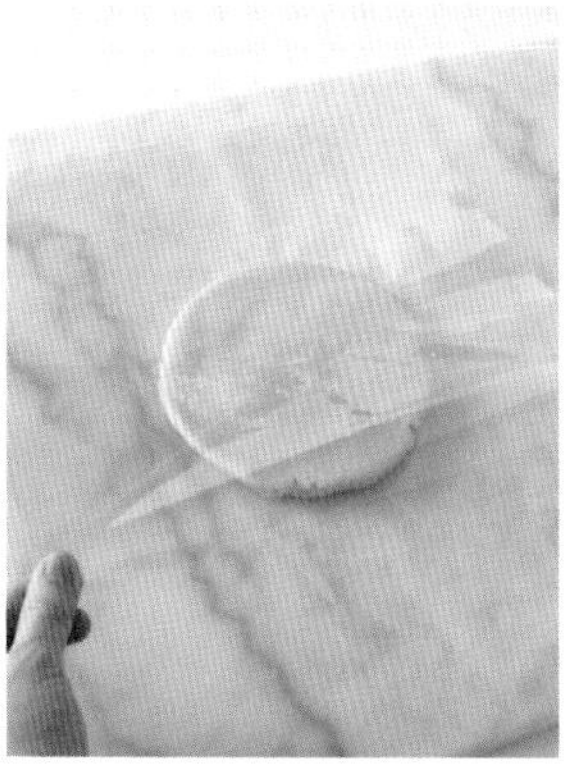

OPPシートではさむ

1.　生地が台や手にくっつかないように上下をOPPシートではさみます（クッキングシートでも可）。

形をイメージする

2.　めん棒でのばすときは、丸、四角、長方形など完成形をイメージしながらのばします。

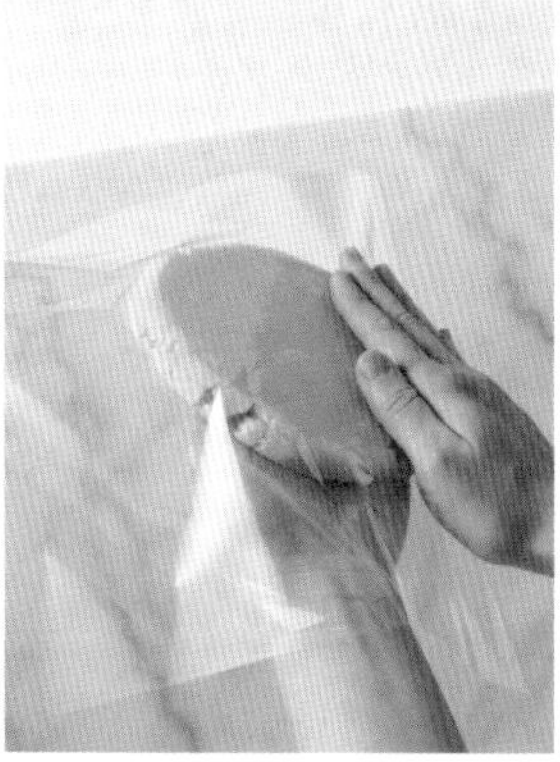

裏面ものばす

3.　何度かひっくり返して、両面をのばすことで均一な厚さになります。

【意外と大事なお菓子づくりのコツ】

オーブンは温度が命！できれば庫内温度計を準備すると正確に温度がわかります。

オーブンの機種によっては温度の上がり方が違うので、指定の温度になっていなければ予熱時間を追加するなどの対応をしてください。

つくり始めると素早く行う作業なども出てくるため、道具は最初に全部出しておくと安心です。

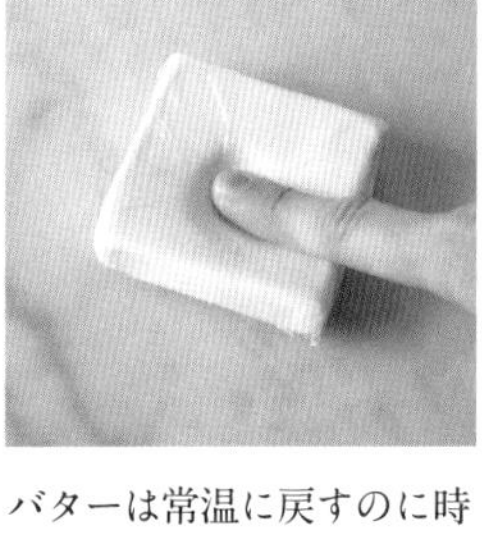

バターは常温に戻すのに時間がかかります。お菓子づくりを始める前にあらかじめ出しておき、指で押せるくらいまでのやわらかさにします。

粉類は数種類使うこともありますが、一度合わせて混ぜてからふるいにかけるようにしましょう。

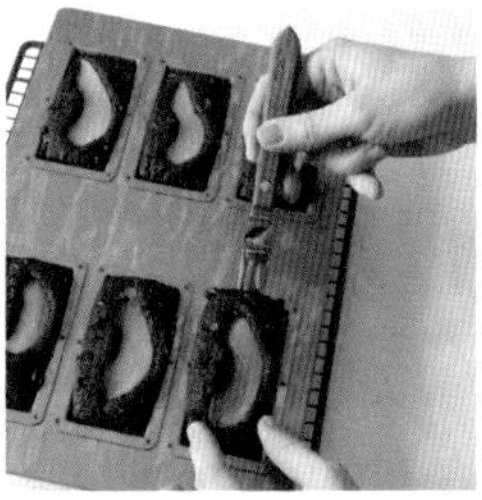

焼き上がった生地が取り出しにくいときは、小さめのパレットナイフなどの刃先を少し入れると取り出しやすくなります。

【あると便利】

マイクリオ

粉末状のカカオバター。少量のチョコレートをテンパリングするときに便利です。

乾燥剤

サクサクとしたお菓子を保存したいときや、人に差し上げたいときなどに活躍する乾燥剤。保存の際はタッパーなどに一緒に入れます。

温度計

温度を厳密に合わせたいときに使っている温度計。食品に直接触れずに瞬時に温度が計測できるので便利です。

ナイフ

小さなペティナイフやパレットナイフは、型からはみ出た生地の処理やお菓子の取り出しなどにあると便利です。

【お菓子の保存について】

クッキー系

クッキーやメレンゲ系のお菓子は、乾燥剤を入れて密閉容器に入れて保存しています。

マフィン系

ラップに包んで、量が多いときは冷凍します。食べる前日に冷蔵庫に移し、トースターでリベイクするとおいしくいただけます。

チーズケーキ系

中心がしっかり冷めているかを確認してから、ラップをして冷蔵庫で保存しています。

PART. 1

一台まるごと果物菓子

ウィークエンド
シトロンティー

レモンティーをイメージしたお菓子です。ウィークエンド自体はとにかく簡単にしっとり作ることができるように何度も試作しました。ポイントは厚めにかけたグラスアロー。しっかり酸味を感じられる仕上がりです。

材料ー パウンドケーキ型（180㎜×70㎜×高さ65㎜）1台分

【ウィークエンド生地】

無塩バター…100g
グラニュー糖…90g
転化糖…15g
レモンの皮…1/2個分
レモン果汁…15g
全卵…130g

A
- 薄力粉…115g
- アーモンドプードル…15g
- ベーキングパウダー…2g
- 茶葉（アールグレイ）…2g

使う果物
レモン

【グラスアロー】
粉糖…150g
レモン果汁…28g

下準備
・レモンの皮を削り、果汁も絞っておく。
・全卵は常温に戻しておく。
・Aは一緒にふるっておく。
・グラスアローの粉糖はふるっておく。
・茶葉はミルサーなどで細かくする(ティーバッグの場合はそのままでOK)。
・パウンドケーキ型に常温に戻したバター(分量外)を薄く塗り、強力粉をはたいておく(型紙でも可)。
・オーブンは天板ごと170度に予熱しておく。

★★ Level
20min
40min
12h

Memo
・ウィークエンドの切り落とした部分は味見用にどうぞ!
・切り落とさずにそのままグラスアローをかけても◎。

ウィークエンド生地

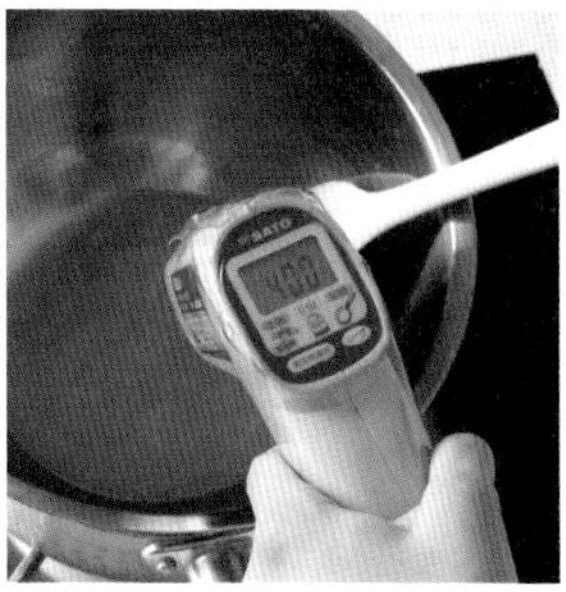

1. ボウルにバターを入れ、湯煎で40度くらいに溶かす。

2. グラニュー糖と転化糖を入れてホイッパーで混ぜ、レモンの皮と果汁を入れて混ぜる。

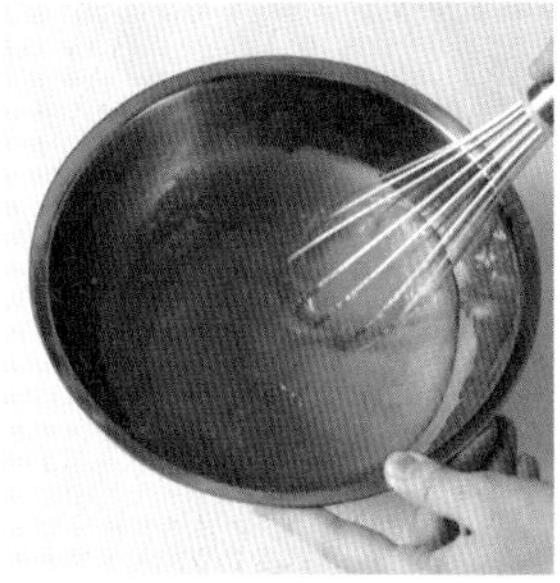

3. 全卵を加えて混ぜる。

4. Aと茶葉を加えて混ぜる。

5. 型に流し入れて、170度のオーブンで40分焼く。

6. ほんのり温かいくらいでラップにぴっちり包み、ひと晩寝かせておく。

グラスアロー

7. ボウルに粉糖を入れ、レモン果汁を加えてしっかり混ぜる。

仕上げ

8. 寝かせておいた6のラップを外し、山になっている部分を切り落とす。

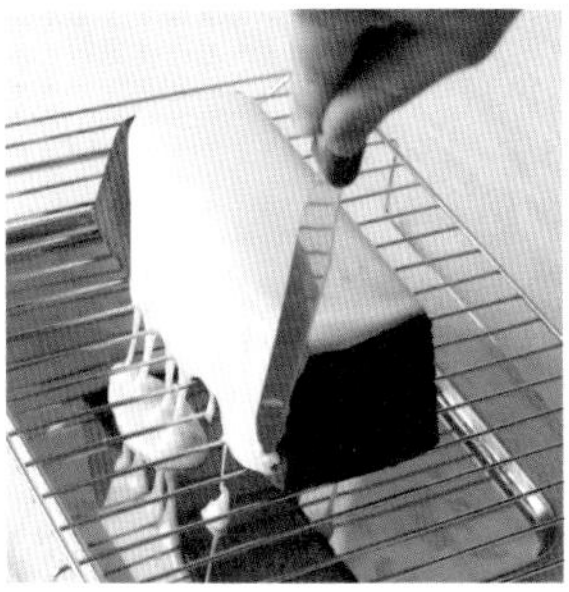

9. バットを下に敷いた網の上にカット面を下にのせ、グラスアローを全体にかける。かからなかった部分はパレットナイフなどで素早く塗り、そのまま乾くまで置いておく。

洋梨のタルト

焼きっぱなしのタルトと言えば、王道の洋梨のタルト。レシピではピスタチオパウダーを使って贅沢に仕上げてみました。ツヤツヤした仕上がりも特別感があり、少し材料費はかかりますがぜひ試してみてください。

← p.14

使う果物 × 洋梨

キャロットケーキ

いろんなお店のものを食べ比べするほどキャロットケーキが好きで、好きすぎるが故に今までレシピを作れなかったのですが、今回ついにレシピ作りに挑戦しました。私の好みが詰まったキャロットケーキです。

← p.16

使う果物

パイナップル、レーズン

p.12 →

洋梨のタルト

材料 ― 18cmタルト型（上径190mm×底径170mm×高さ24mm）1台分

【タルト生地】
無塩バター … 75g
粉糖 … 55g
塩 … ひとつまみ
全卵 … 30g
薄力粉 … 130g
アーモンドプードル … 15g

【ピスタチオクリーム】
無塩バター … 50g
バニラビーンズペースト … 2g
粉糖 … 50g
全卵 … 50g
ピスタチオパウダー … 60g
洋梨（缶詰）… 半割り4個
ナパージュ … 適量
ピスタチオ … 適量

タルト生地

1. ボウルにバターを入れ、ホイッパーですり混ぜる。粉糖と塩を加え、粉っぽさがなくなるまでゆっくりすり混ぜる。

2. 全卵を2回ぐらいに分けて加え、その都度しっかり混ぜる。

3. 薄力粉とアーモンドプードルを加え、ゴムベラでさっくりと混ぜる。

↓

4. 写真のようにひとまとめにできたら、生地を取り出し、ラップに包む。

5. 写真のように均等に生地をのばし、冷蔵庫でひと晩寝かせる。

ピスタチオクリーム

6. ボウルにバターを入れ、ホイッパーですり混ぜる。バニラビーンズペーストを加えて混ぜる。粉糖を加え、粉っぽさがなくなるまでゆっくりすり混ぜる。

7. 全卵を3回ぐらいに分けながら加え、その都度しっかり混ぜる。

下準備

・バターと全卵は常温に戻しておく。
・タルト生地の粉糖はふるっておく。薄力粉とアーモンドプードルは一緒にふるっておく。
・ピスタチオクリームの粉糖はふるっておく。

Level
30min
45min
14h

Memo

・ピスタチオパウダーをアーモンドプードルに代えると、オーソドックスな洋梨のタルトになります。
・工程15のバーナーの仕上げをすると本格的になりますが、焼きっぱなしでも大丈夫です。お好みで。

8. ピスタチオパウダーを加え、ゴムベラで均一になるまで混ぜる。冷蔵庫で1時間寝かせる。

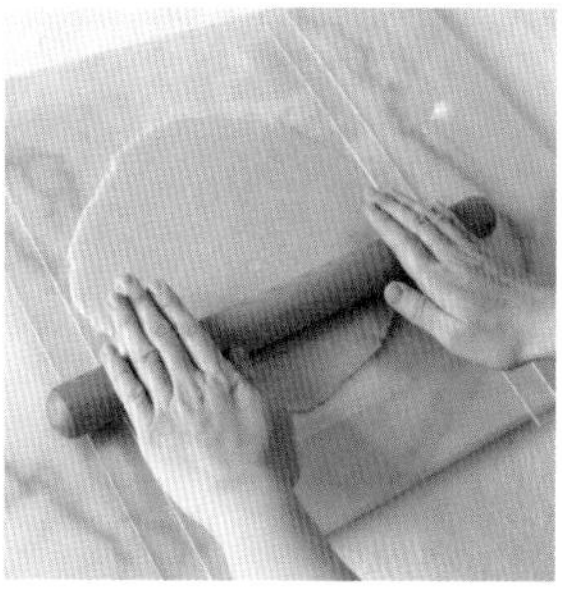

9. 5のタルト生地をもみまとめてから3㎜厚さにのばし、冷蔵庫で30分寝かせる。

10. タルト型を準備する。底が焼けにくいときは底の部分を抜いておくとしっかり焼ける。

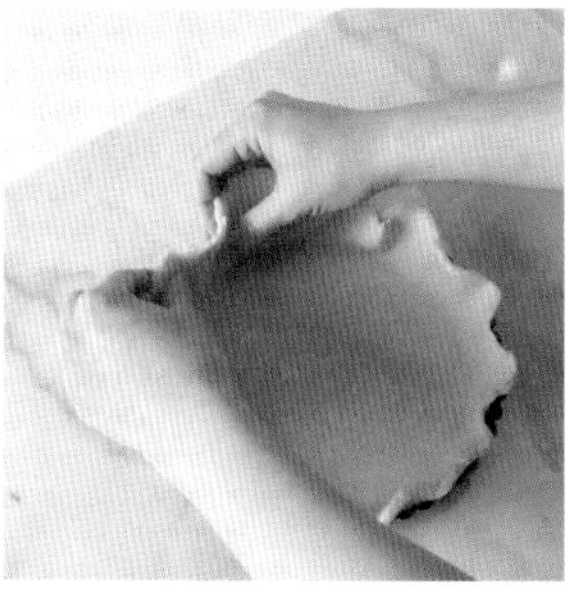

11. 9をタルト型にしっかり敷き込んで、再び冷蔵庫で30分寝かせる。はみ出た部分をペティナイフなどでカットする。

仕上げ

12. 11に8のピスタチオクリームを入れ、均一な厚さに広げる。

13. 洋梨はシロップをしっかり拭き取ってから、約5㎜幅にスライスする。

14. 少しずつずらしながら12の上に並べ、170度に予熱したオーブンで45分焼く。

15. 冷めたらバーナーで炙り、ナパージュを刷毛で塗る。

16. 上から刻んだピスタチオを散らす。

p.13 →

キャロットケーキ

材料―スクエア型（15cm×15cm）1台分

【キャロットケーキ生地】

にんじん…120g
パイナップル…60g
全卵…60g
グラニュー糖…40g
ブラウンシュガー…50g
塩…2g
太白胡麻油…60g
A
薄力粉…100g
アーモンドプードル…20g
ベーキングパウダー…3g
重曹…2g
シナモン…3g
ナツメグ…1g

くるみ…20g
ココナッツロング…10g
レーズン…20g

キャロットケーキ生地

1. にんじんはシュレッダーで細切りにし、パイナップルはみじん切りにしておく。

2. ボウルに全卵を入れ、ホイッパーでほぐし、グラニュー糖、ブラウンシュガー、塩を加えて混ぜる。太白胡麻油を加え、乳化するまでしっかり混ぜる。

3. Aを加え、ゴムベラで少し粉っぽさが残るところまで混ぜる。

フロスティング

7. フロスティングのすべての材料をゴムベラで混ぜ合わせる。

仕上げ

8. 6の生地を横半分にスライスする。

9. 切り口にフロスティングの半量をパレットナイフで塗り広げる。

★★
Level

30min

45min

4. 1のにんじん、パイナップル、くるみ、ココナッツロング、レーズンを加えて混ぜ合わせる。

5. 4を型に流し込む。

6. 170度のオーブンで45分焼き、しっかり冷ましておく。

10. 9の上にカットしたケーキ生地を重ね、残り半分のフロスティングを表面に塗る。お好みでドライパイナップルを飾りつける。

Memo

・冷蔵庫で冷やしてからスライスしたほうがボロボロしにくいです。フロスティングをサンドせずに表面に全部塗ってもOKです。
・しっかり冷やしてなじませてから食べましょう！

【フロスティング】
クリームチーズ…150g
無塩バター…30g
粉糖…15g
レモン果汁…8g
ドライパイナップル…適宜

下準備
・全卵は常温に戻しておく。
・Aは一緒にふるっておく。粉糖はふるっておく。
・くるみは160度で10分ローストして、2等分くらいにカットしておく。
・スクエア型に型紙を敷いておく。
・オーブンは天板ごと170度に予熱しておく。
・フロスティングのクリームチーズとバターは作業する前に常温に戻しておく。

ブルーベリーショートブレッド

ブルーベリーパウダーは焼き上げてもしっかり紫の色みが残るので、とてもかわいく仕上がります。ブルーベリーのほどよい酸味と深みのある甘さが、素朴なショートブレッドのアクセントになって、新鮮な味わいです。

使う果物
ブルーベリーパウダー

★
Level

10min

1h

1h

材料ー15cmタルト型（上径150mm×底径140mm×高さ18mm）1台分

無塩バター…80g
グラニュー糖…40g
塩…ひとつまみ
薄力粉…110g
ブルーベリーパウダー…15g
グラニュー糖（上にかける分）…適量

下準備

・バターは常温に戻しておく。
・薄力粉とブルーベリーパウダーは一緒にふるっておく。

1. ボウルにバターを入れ、ホイッパーですり混ぜる。グラニュー糖と塩を加えてゆっくりすり混ぜる。

2. 薄力粉とブルーベリーパウダーを加え、ゴムベラで軽くまとめる。

3. そのまま、手でひとまとめにする。

4. 3をタルト型に敷き詰めて、上からグラニュー糖を表面全体にふりかける。

5. 包丁で8等分に切り目を入れ、菜箸などで穴を開け冷蔵庫で1時間冷やす。

6. 天板ごと130度に予熱したオーブンで1時間焼く。ほんのり温かいうちに8等分にカットする。

Memo

・型がない場合は、手で整えてクッキングシートの上にのせて焼いてください。
・事前に切り目を入れているため手で簡単に割れるので、焼いた後にカットせず丸ごと1台プレゼントにしても◎。

甘夏のヴィクトリアケーキ

イギリスで人気のヴィクトリアケーキは、ほろ苦い甘夏のマーマレードジャムとバタークリームをサンドし、日本っぽさをプラスしてみました。テントのように山型に焼き上がるフォルムもかわいらしいです。

← p.22

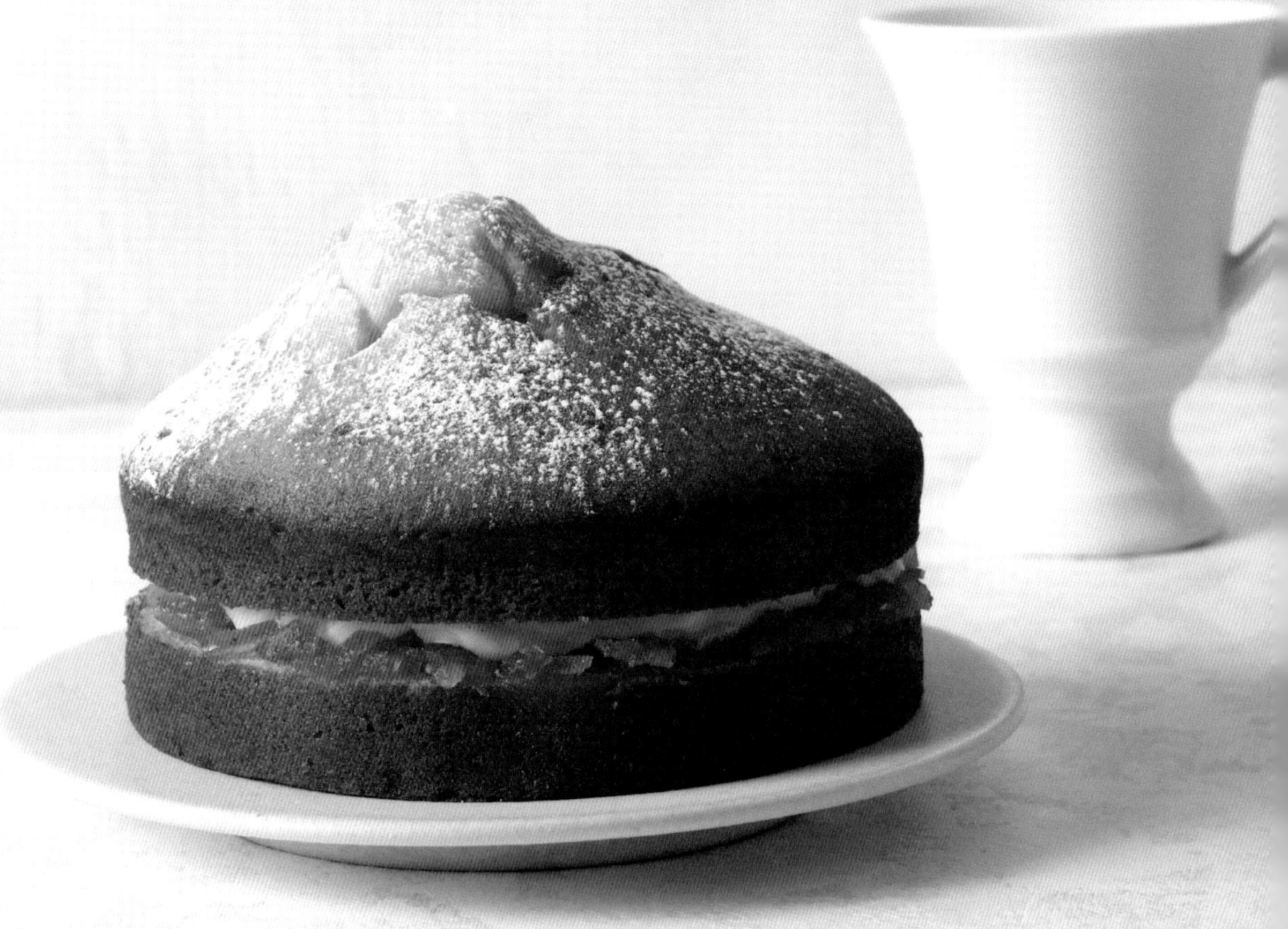

使う果物 × 甘夏ジャム

いちごのクラフティ

この本で一番簡単なレシピです。とろりとした生地と温かく甘酸っぱいいちごの組み合わせについたくさん食べてしまいます。いちごが一番オススメですが、どんな果物にも合うので、旬の果物で楽しんでください。

← p.24

使う果物
いちご

p.20 →

ヴィクトリアケーキ生地

1. ボウルにバターを入れ、ホイッパーでクリーム状にする。

2. 粉糖を加え、ふわっと白っぽくなるまで混ぜる。

3. 全卵を4回ぐらいに分けて加え、その都度しっかり混ぜる。

7. 湯煎で溶かしたチョコレートと生クリームをしっかり乳化させ、6に加えて混ぜる。

8. バニラビーンズペーストも加えてさらに混ぜる。

仕上げ

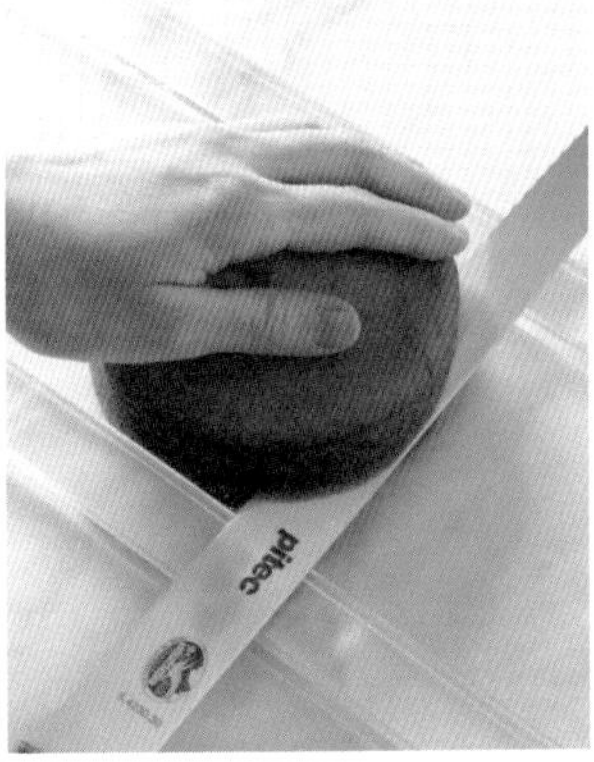

9. 5を横半分にスライスする。

甘夏のヴィクトリアケーキ

材料 — 12㎝デコ型（φ120㎜×高さ60㎜）1台分

【ヴィクトリアケーキ生地】
- 無塩バター…70g
- 粉糖…60g
- 全卵…80g
- 薄力粉…75g
- ベーキングパウダー…1g
- 牛乳…15㎖

【バタークリーム】
- 無塩バター…30g
- 製菓用ホワイトチョコレート…20g
- 生クリーム（動物性35%前後）…10g
- バニラビーンズペースト…0.5g

甘夏ジャム…適量

粉糖…適宜

★★
Level

25min

35min

4. 薄力粉とベーキングパウダーを加えゴムベラでさっくり混ぜ、粉っぽさがなくなる直前で牛乳を加えて混ぜ合わせる。

5. 型に4を入れ、表面をならす。180度のオーブンで35分焼き、しっかり冷ましておく。

バタークリーム

6. ボウルにバターを入れ、ホイッパーでポマード状にしておく。

10. 切り口に甘夏ジャムとバタークリームを塗って、生地でサンドする。

11. お好みで粉糖を茶こしでふりかける。

Memo

- 1～3はハンドミキサーを使うとラクに作ることができます。
- バタークリームは、ゆるくなってしまったら冷蔵庫で少し冷やしてからサンドしてください。
- 冷蔵庫で保存してください。カットも冷えてからのほうがきれいに切れます。

下準備

- バターと全卵と牛乳は常温に戻しておく。
- 粉糖はふるっておく。
- 薄力粉とベーキングパウダーは一緒にふるっておく。
- 型に型紙を敷いておく。
- オーブンは天板ごと180度に予熱しておく。

p.21 →

いちごのクラフティ

材料 ― 18㎝オーバル型のグラタン皿 2皿分

グラニュー糖…60g
薄力粉…14g
塩…ひとつまみ
全卵…60g
卵黄…10g
バニラビーンズペースト…2g
生クリーム（動物性47％前後）…100g
牛乳…100㎖
いちご…150g

下準備

・薄力粉はふるっておく。
・全卵と卵黄はそれぞれ計量して合わせておく。
・いちごはサイズによって大きければカットしておく。
・オーブンは天板ごと180度に予熱しておく。

★ Level
5min
25min

1. ボウルにグラニュー糖、薄力粉、塩を入れ、ホイッパーでグルグルと混ぜておく。

2. 全卵と卵黄、バニラビーンズペーストを加えて混ぜる。

3. 生クリーム、牛乳を順番に加え、その都度混ぜる。

4. 3の生地を濾す。

5. グラタン皿にいちごを並べる。

6. 5の上から4を流し入れる。180度のオーブンで25分焼く。

Memo

・焼き立てても冷やしてもおいしいので両方楽しめます。

エンガディナー

スイスの郷土菓子。サクサクほろほろのタルト生地にナッツたっぷりのヌガーがぎっちりと詰まっています。レシピではドライいちじくを入れてアレンジしました。プチプチ感がほどよいアクセントになっています。

← p.26

使う果物 × ドライいちじく

p.25 →

エンガディナー

材料 — 18cmタルト型（上径190mm×底径170mm×高さ24mm）1台分

【タルト生地】
無塩バター…150g
粉糖…110g
塩…ひとつまみ
全卵…30g
卵黄…30g
薄力粉…260g

【フィリング】
グラニュー糖…70g
生クリーム（動物性35%前後）…100g
はちみつ…20g
水飴…20g
無塩バター…30g
お好きなナッツ…100g
ドライいちじく…50g
卵黄（ドレ用）…10g
牛乳（ドレ用）…小さじ1/4

タルト生地

1. ボウルにバターを入れ、ホイッパーですり混ぜる。粉糖と塩を加え、粉っぽさがなくなるまでゆっくりすり混ぜる。

2. 全卵と卵黄を2回ぐらいに分けて加え、その都度しっかり混ぜる。

3. 薄力粉を加え、ゴムベラでさっくりと混ぜる。

4. 写真のようにひとまとめにできたら生地を取り出す。

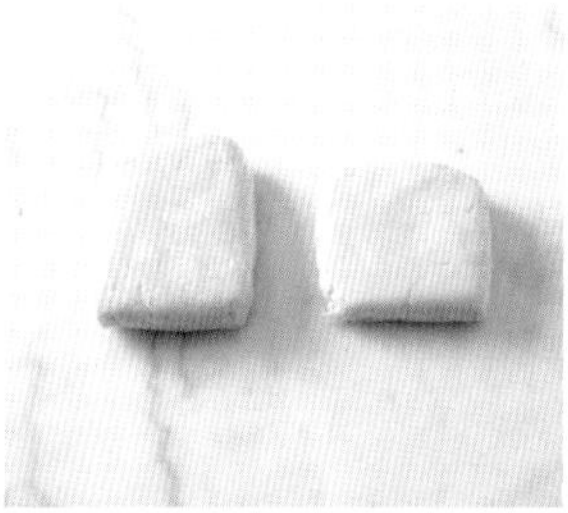

5. 4を230gと残りの2つに分けてラップに包む。ラップに包んだまま均等に生地をのばし、冷蔵庫でひと晩寝かせる。

フィリング

6. 手鍋にグラニュー糖を入れ、中火にかけカラメル状にする。

7. 耐熱ボウルに生クリーム、はちみつ、水飴を入れ500Wで40秒加熱して混ぜる。

8. 6に7を加え、混ざったらバターも加え、110度まで煮詰める。

9. ナッツとドライいちじくを加えて、混ざったらバットなどに広げ、粗熱をとっておく。

★★★
Level
40min
50min
13h

下準備

- バターは常温に戻しておく。
- 粉糖と薄力粉はふるっておく。
- 全卵と卵黄はそれぞれ計量して合わせ、常温に戻しておく。
- ナッツは160度で10分ローストしておく。
- ドライいちじくは大きいものなら4等分にカットしておく。

仕上げ

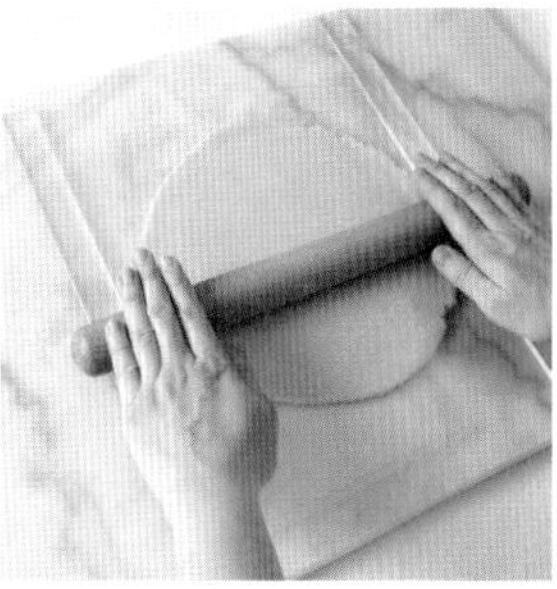

10. 5のタルト生地をもみまとめてから5㎜厚さにそれぞれのばし、冷蔵庫で30分寝かせる。

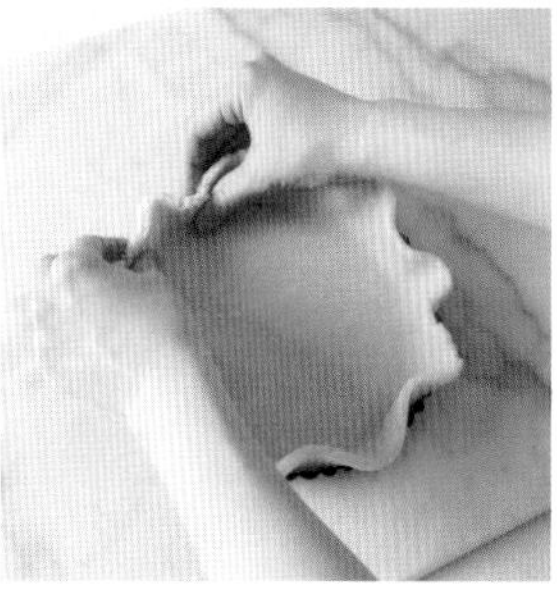

11. 230gではないほうの生地をタルト型にしっかり敷き込んで、再び冷蔵庫で30分寝かせる。

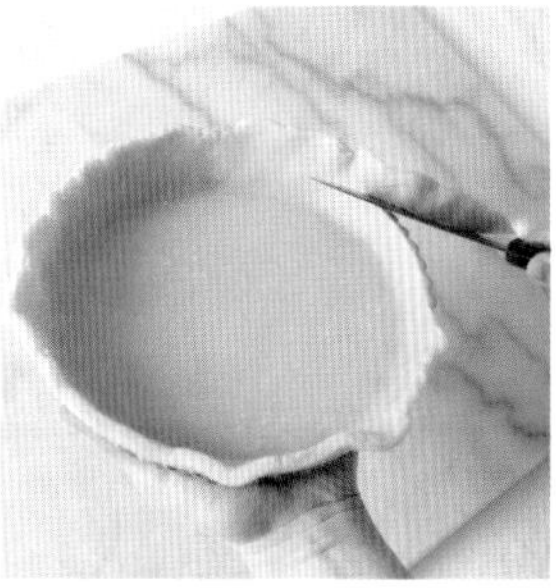

12. はみ出た部分をペティナイフなどでカットしておく。

13. 12に9のフィリングを詰める。

14. 230gの生地を空気が入らないようにフィリングの上にかぶせる。

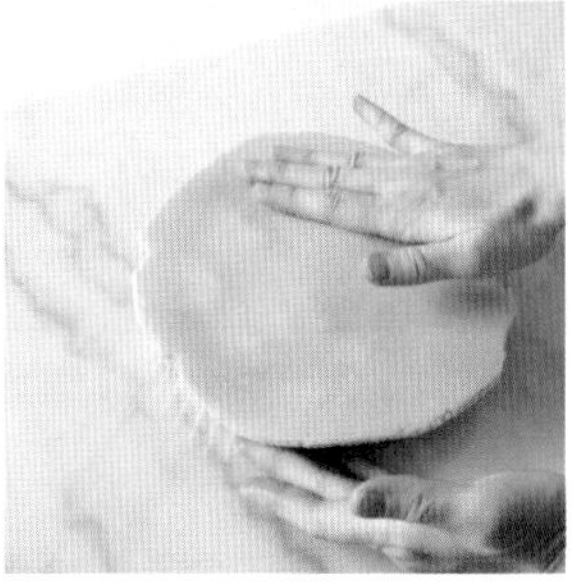

15. 縁に沿って指ではみ出た部分の生地をカットする。

16. ドレ（焼き上がりにツヤを出すため、生地に卵液を塗ること）用の卵黄と牛乳を混ぜておく。

17. ドレして、フォークで模様をつける。5カ所ほど楊枝で穴を開けておき、170度に予熱したオーブンで50分焼く。

Memo

- 焼き上がって少し冷めてからのほうが型から取り出しやすく、また、ひと晩置いてからのほうがカットしやすいです。

りんごのNYチーズケーキ

しっとりとしたNYチーズケーキに、キャラメリゼしたりんごを混ぜ込んだ新鮮な味わいのチーズケーキ。シナモンの風味もおいしさを引き立ててくれます。カットした断面もとてもかわいく仕上がります。

← p.30

使う果物 × りんご

タルトタタン

紅玉の季節に作りたくなる季節限定の特別なお菓子。りんごそのものの味を楽しめます。きれいに仕上げるコツをぜひチェックしてみてください。クリームやアイスを添えて食べるのもオススメです。

← p.32

使う果物 ）(りんご

p.28 →

りんごのNYチーズケーキ

材料 ― 15cmデコ型（φ150㎜×高さ60㎜）1台分

【ボトム】
無塩バター…30g
グラハムビスケット…60g
お好きなナッツ…10g
シナモン…0.5g

【りんごのキャラメリゼ】
りんご…1個
グラニュー糖…25g
有塩バター…10g
シナモン…1g

【チーズケーキ生地】
製菓用ホワイトチョコレート…30g
生クリーム（動物性47%前後）…70g
クリームチーズ…200g
サワークリーム…100g
グラニュー糖…50g

ボトム

1. バターを湯煎で溶かす。

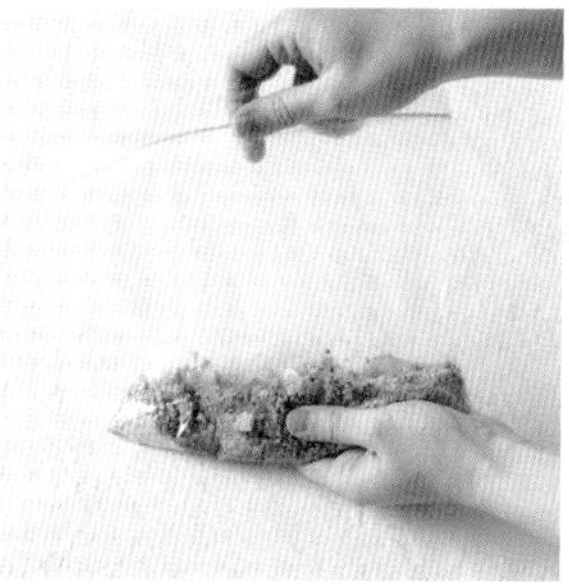

2. 厚手のビニール袋にグラハムビスケットを入れ、めん棒などで細かく砕き、ナッツ、シナモン、1のバターを加えてもみ込む。

3. 2を型の底にギュッとしっかり敷き詰めておき、冷蔵庫で冷やしておく。

りんごのキャラメリゼ

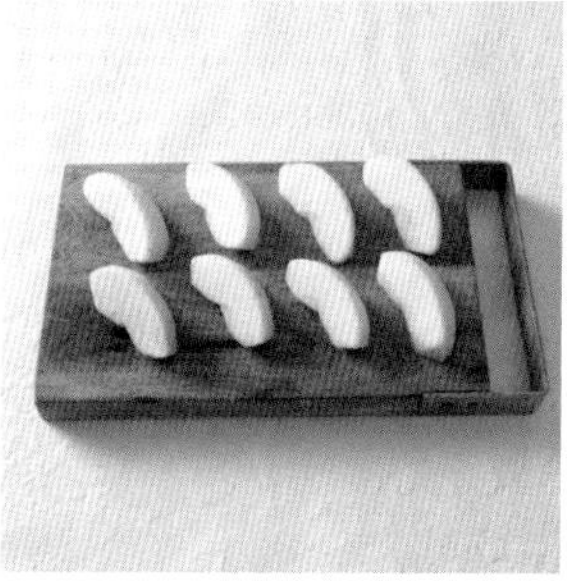

4. りんごは皮をむき、8等分に切る。

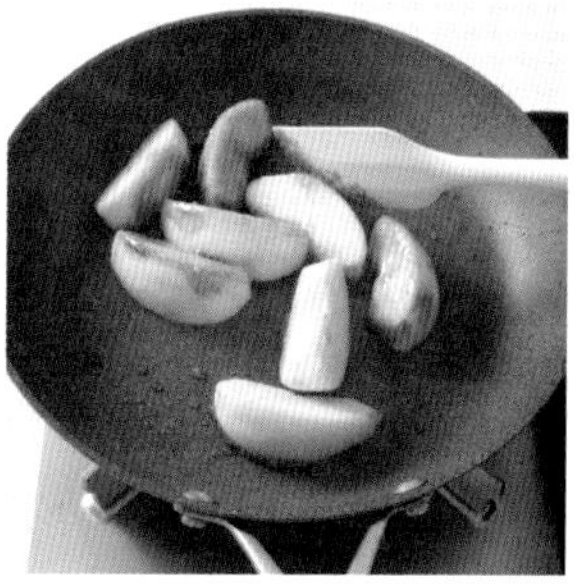

5. フライパンにグラニュー糖を入れて中火にかけ、カラメル状になったらりんごを加える。

6. 弱火で炒めてりんごがやわらかくなったら、バターとシナモンを加えて絡め、火を止め冷ましておく。

チーズケーキ生地

7. 刻んだホワイトチョコレートの中にフツフツするくらいに温めた生クリームを加え、乳化するまでしっかり混ぜる。

8. 別のボウルにクリームチーズとサワークリームを入れ、ゴムベラでなめらかにする。

9. 8にグラニュー糖を加え、ゴムベラで混ぜる。

★★
Level

40min

45min

1h

12h

全卵…50g
卵黄…20g
コーンスターチ…15g

下準備

・ナッツは160度で10分ローストして、細かく刻んでおく。
・クリームチーズ、サワークリームをそれぞれ常温に戻しておく。
・全卵と卵黄はそれぞれ計量して合わせ、常温に戻しておく。
・デコ型に型紙を敷いておく。
・オーブンは天板ごと160度に予熱しておく。

10. 9に全卵と卵黄を2回くらいに分けて入れ、その都度ホイッパーで混ぜる。

11. 10に7を加えて混ぜ、コーンスターチをふるいながら加えて混ぜる。

12. ダマが残っていそうなら生地を一度濾す。

仕上げ

13. ボトムの上に生地の1/3を流し入れ、りんごのキャラメリゼを並べる。

14. 上から残りの生地を流し入れる。

15. 型より大きいバットなどに熱湯を3cmほど張ったら、14を置き、160度のオーブンで45分湯煎焼きにする。焼き上がったらそのまま庫内に1時間入れておき、粗熱をとり、冷蔵庫でひと晩冷やす。

Memo

・りんごのキャラメリゼは真ん中を避けて並べるとカットしやすいです。
・型は底が抜けない場合は、3の写真のように型紙の下にクッキングシートを十字になるように渡します。この部分を引っ張れば生地が持ち上がり、簡単に型から外せます。底が抜ける型は、アルミホイルを二重にしてお湯が入らないようにしてください。

p.29 →

タルトタタン

材料—12cmデコ型（φ120mm×高さ60mm）1台分

- りんご（紅玉）… 4個（正味700gくらい）
- グラニュー糖 … 100g
- 無塩バター … 35g
- パイシート（冷凍）約18×18cm … 1枚

ポムタタン

1. りんごは皮をむき、6等分に切る。皮は取っておく（煮崩れしにくい紅玉推奨）。

2. フライパンにグラニュー糖の半量を入れ、中火にかける。カラメル状になったら火を止め、バターを加えて混ぜる。

3. りんごを加えてカラメルを絡ませ、残りのグラニュー糖を入れて軽く混ぜ、フライパンの端に取っておいた皮を入れる。

7. 5の皮を絞り、出てきた煮汁だけ型に入れる。

8. 天板ごと180度に予熱したオーブンで30分焼き、ゴムベラなどでギュッと押して平らにし、ひと晩冷蔵庫でしっかり冷やす。

仕上げ

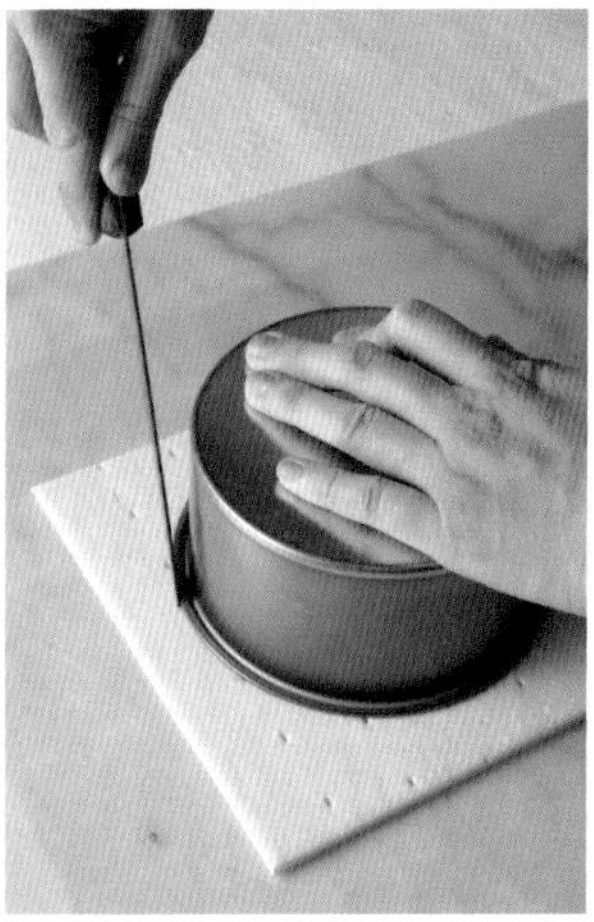

9. パイシートは半解凍し、直径12cmよりひとまわり大きく切る。

Level

55min

30min/
28min

12h

4. クッキングシートなどで落とし蓋をして、りんごがやわらかくなり、煮汁にとろみがついてくるまで、約40分弱火で煮る。途中、やさしく混ぜる。

5. りんごが煮上がった状態。皮はバットに入れて冷ましておく。

6. 煮汁を絡めながら5を隙間なく型に敷き詰めていく。フライパンに残った煮汁も残さず全部入れる。

10. シルパットを敷いた天板に9をのせ、200度に予熱したオーブンで8分焼いて取り出し、クッキングシートと天板をのせて真上からギュッと押し潰し、天板をのせたまま再び20分焼く。

11. 8の型を取りはずしやすいようにガスバーナーや湯煎で温めてから、8をパイの上にのせ、はずす。

Memo

・新鮮なりんごを使うこと、皮からしっかりペクチンを絞り出すことがきれいに仕上げるコツです。
・型からカラメルが溢れ出る可能性があるので、アルミホイルなどを下に敷いて焼くと安心です。

使う果物
栗の渋皮煮

マロンとカシスのスフレ

フランス語で「ふくらんだ」という意味のスフレ。名前通りふわふわにふくらんだスフレにカシスのソースが相性ぴったりな大人の味。焼き上がったそばからしぼんでしまうため、短時間で楽しむ特別なお菓子です。

← p.38

使う果物

マロンペースト
カシスピューレ

栗とホワイトチョコの抹茶パウンドケーキ

材料 — パウンドケーキ型（180㎜×70㎜×高さ65㎜）1台分

無塩バター…100g
きび砂糖…80g
全卵…120g
A
薄力粉…100g
ベーキングパウダー…2g
抹茶…12g
ラム酒…5g
栗の渋皮煮…5個
製菓用ホワイトチョコレート…100g
抹茶（仕上げ用）…適量

1. ボウルにバターを入れ、ホイッパーでクリーム状にする。

2. きび砂糖を加え、ふわっと白っぽくなるまで混ぜる。

3. 全卵を4回ぐらいに分けて加え、その都度しっかり混ぜる。

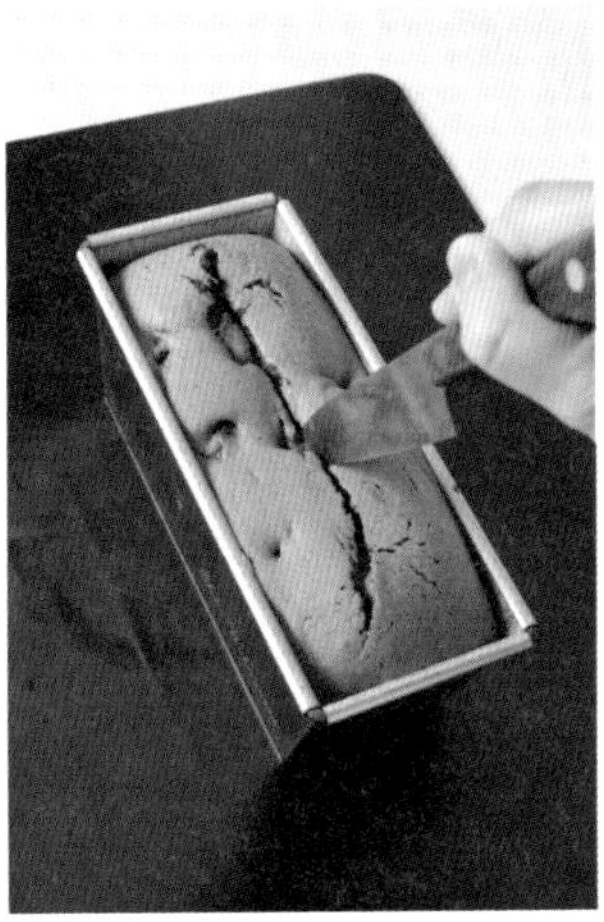

7. 170度のオーブンで15分焼いたら、水で濡らしたナイフでケーキの上部に縦に切り目を入れて、さらに25分焼く。

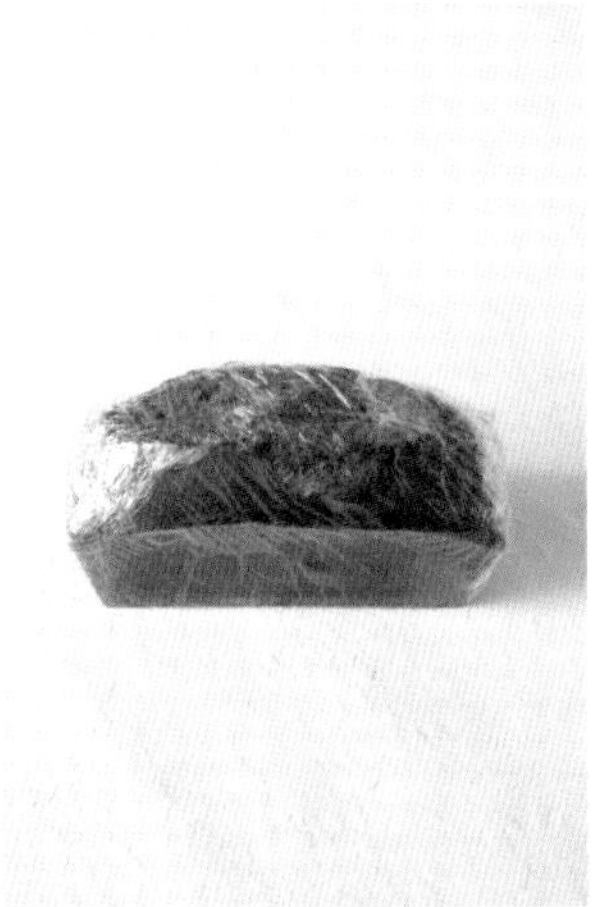

8. ほんのり温かいくらいでラップにぴっちり包み、ひと晩寝かせておく。

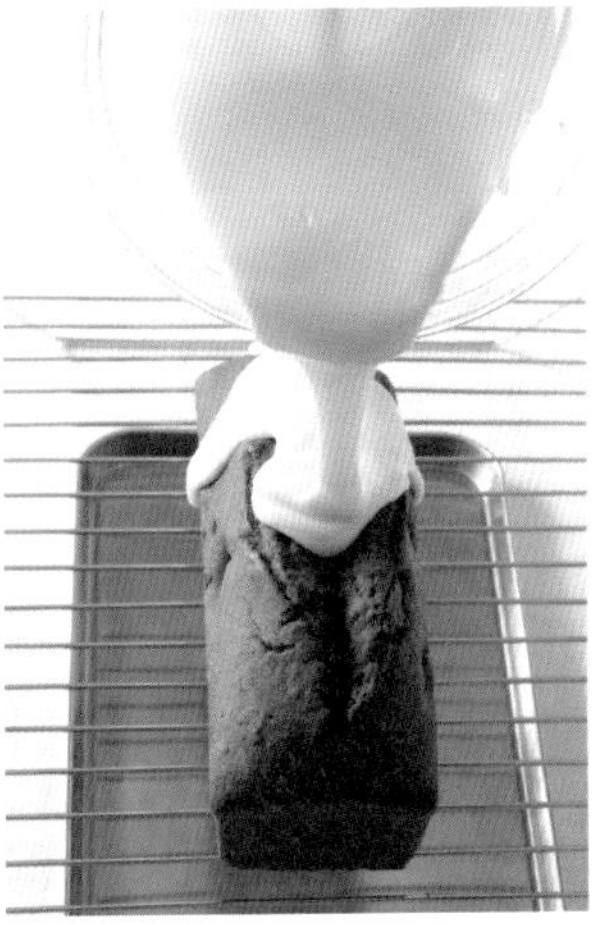

9. ホワイトチョコレートをテンパリングし、パウンドケーキの上から流す。

★★
Level

20min

40min

12h

4.　Aを加えてゴムベラでさっくり混ぜ、少し粉っぽさが残るくらいでラム酒を加えて混ぜる。

5.　栗の渋皮煮を4に混ぜ込む。

6.　5を型に入れて表面をきれいにならす。

10. 固まったら茶こしで抹茶をふるう。

≻ Memo ≺

・1～3はハンドミキサーを使うとラクに作ることができます。
・テンパリングは少量なので私はマイクリオを使っています。コーティングチョコレートを溶かして使ってもOKです。

下準備

・バターと全卵は常温に戻しておく。
・Aは一緒にふるっておく。
・栗の渋皮煮は4等分に切っておく。
・パウンドケーキ型に常温に戻したバター(分量外)を薄く塗り、強力粉をはたいておく(型紙でもよい)。
・オーブンは天板ごと170度に予熱しておく。

p.35 →

マロンとカシスのスフレ

材料ー ストウブ10cm 1個分

マロンペースト…40g
グラニュー糖…5g
薄力粉…5g
牛乳…50mℓ
ラム酒…5g
卵黄…20g
無塩バター…5g
卵白…40g
グラニュー糖…10g
無塩バター（型用）…適量
グラニュー糖（型用）…適量
粉糖…適量
カシスピューレ…適量

1. ストウブにバターを塗り、グラニュー糖を薄くまぶしておく。

2. 耐熱容器にマロンペーストを入れ、グラニュー糖5gと薄力粉を加えてゴムベラでしっかり混ぜ合わせる。

3. 2に少しずつ牛乳を加え、その都度なじむようにゴムベラで混ぜ合わせ、なめらかになってきたらホイッパーに持ち替えてしっかり混ぜる。ラム酒を加え、さらに混ぜる。

7. 残りのグラニュー糖を2回に分けて加え、その都度泡立て、しっかりとしたメレンゲを作る。

8. 5にメレンゲをひとすくい入れ、ホイッパーでしっかりなじませてから7に戻し、ゴムベラで手早く混ぜ合わせる。

9. 8をストウブに流し入れる。

Level

15min

18min

4. 3を500Wのレンジで1分加熱し、ホイッパーで混ぜ、さらに20秒加熱して混ぜる。

5. 卵黄を加えて混ぜ、混ざったらバターを加えてしっかり溶けてなじむまで混ぜる。オーブンを天板ごと180度に予熱しておく。

6. ボウルに卵白とグラニュー糖10gからひとつまみ入れ、ミキサーにかけて卵白のコシをきる。

10. パレットナイフなどで表面をすりきり、型の縁についた生地を指で拭き取る。

11. 180度のオーブンで18分焼く。焼き立てのスフレに粉糖をふり、カシスピューレをかける。

Memo

- 1人分を卵L玉1個で作れるお手軽レシピです。小さいココット2つに分けても大丈夫ですが、その場合は焼成時間を調節してください。
- レンジ使用後オーブンの予熱までに時間がかかるようでしたら、5の生地は予熱が完了するまでそのまま置いて待っていても大丈夫です。
- すぐしぼんでしまうので、焼き立て熱々をお召し上がりください。

下準備

- ストウブに塗る用のバターは常温に戻しておく。
- 薄力粉はふるっておく。

ピスタチオ
フランボワーズ
バスクチーズケーキ

ピスタチオペーストをたっぷり使ったとてもリッチなバスクチーズケーキです。ピスタチオの濃厚なコクにフランボワーズの甘酸っぱさが絶妙にマッチ。緑色の生地に赤いフランボワーズがのぞく切り口も素敵です。

使う果物
×
フランボワーズ

Level
15min
21min
12h

材料 — 12cmデコ型（φ120mm×高さ60mm）1台分
クリームチーズ：200g
グラニュー糖：50g
ピスタチオペースト：80g
全卵：103g
卵黄：12g
生クリーム（動物性47%前後）：115g
コーンスターチ：6g
フランボワーズ：55g

下準備
・クリームチーズ、生クリームをそれぞれ常温に戻しておく。
・全卵と卵黄はそれぞれ計量して合わせ、常温に戻しておく。
・オーブンは天板ごと230度に予熱しておく。

1. ボウルにクリームチーズを入れ、ゴムベラでなめらかにする。

2. グラニュー糖を加え、ゴムベラで混ぜる。

3. ホイッパーに持ち替えて、ピスタチオペーストを加えて混ぜる。

4. 全卵と卵黄を3回ぐらいに分けて加え、その都度混ぜる。

5. 生クリームを加えて混ぜ、コーンスターチをふるいながら加えて混ぜる。

6. 生地を一度濾す。

7. 水に濡らしてギュッと絞ったクッキングシートを型に敷く。

8. 生地の1/3を流し入れ、フランボワーズを並べ、上から残りの生地を流し入れる。230度のオーブンで21分焼く。ひと晩冷蔵庫で冷やす。

Memo
・レシピのサイズの型で焼いてください。
・フランボワーズは真ん中を避けて並べるとカットしやすくなります。
・ひと晩冷やすことで絶妙な硬さになり、カットしやすくなります。

お気に入りの道具

作業のしやすさや仕上がりのきれいさにかかわる道具。いつもお菓子づくりで活躍している、頼れる道具をご紹介します。

①ステンレスボウルとポリカクックボウル

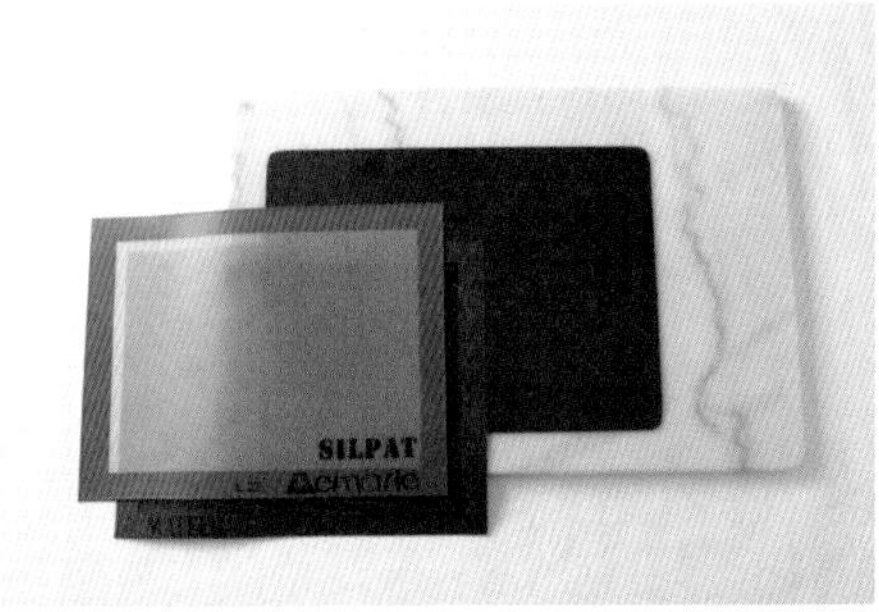

②シルパット&シルパン、オーダーメイド天板、マーブル台

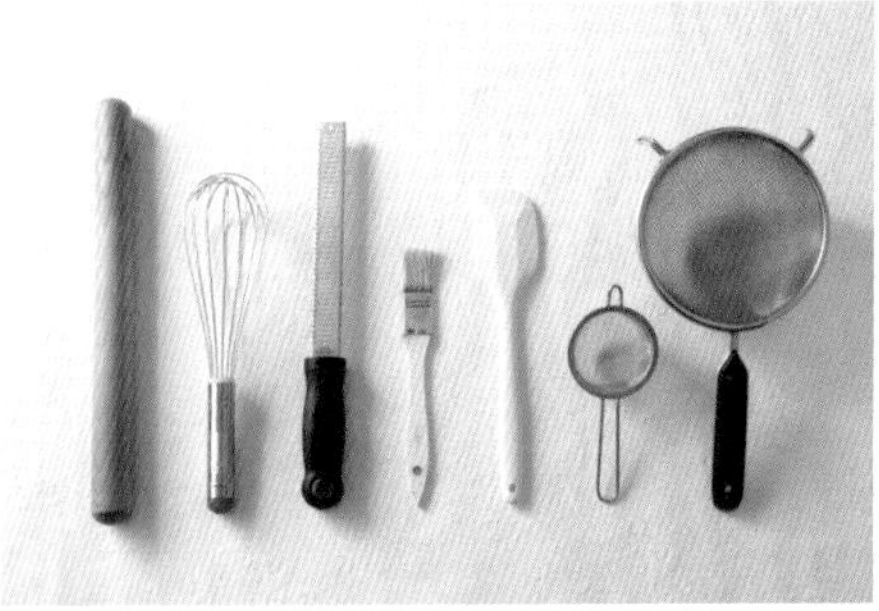

③めん棒、ホイッパー、削り器、刷毛、ゴムベラ、茶こし、粉ふるい

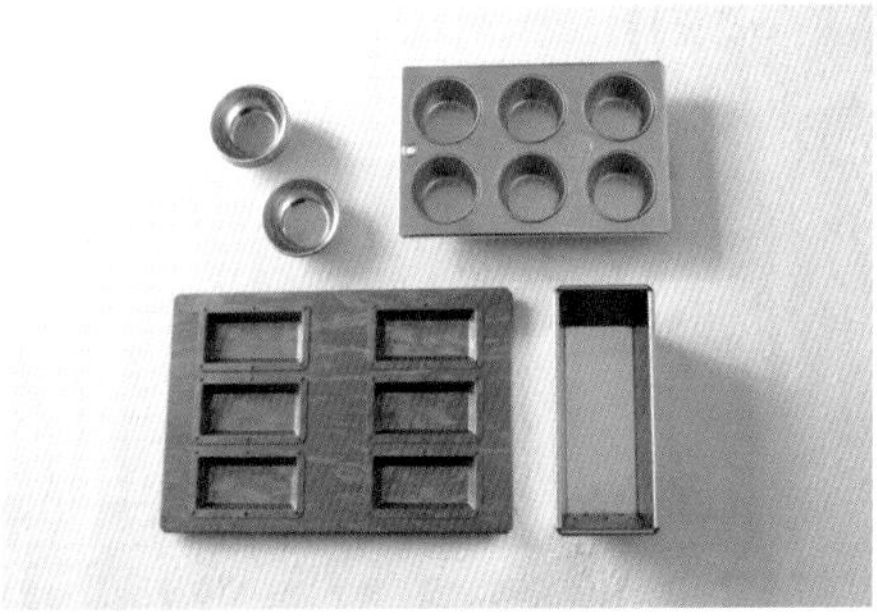

④ポンポネット型、フィナンシェ型、マフィン型、パウンドケーキ型

①お菓子は基本的にはステンレスボウルを使って作っています。ポリカクックボウルは、電子レンジを使用して作る工程のものに使っています。とても軽く衝撃にも強いので使い勝手もいいです！

②マーブル台は大理石で熱伝導が低いため、生地の温度が高くならず、作業台として便利です。ｃｏｔｔａのオーダーメイド天板はオーブンに合わせてカットオーダーしたものでフラットで縁もなく、使いやすいです。シルパンはメッシュ状で穴から余分な水分や油分が落ち、クッキーなどがサクサクに仕上がります。シルパットは全体がシリコンコーティングされていて、柔らかい生地のときはこちら。チョコレート細工やパンのコネ台にも。

③茶こしは網目が細かいもの、ゴムベラは先がやわらかすぎず、ボウルのカーブに沿うもの、一体型だと衛生面でも安心です。また、刷毛は抜け毛が少なく、生地を傷つけない柔らかさが選ぶときのポイント。削り器は水分が出ず、表皮だけきれいにおろせるマイクロプレインがおすすめです！　ホイッパーは羽がしっかりしていて、持ちやすいものを。サイズ違いで何本かあると作業しやすいです。

④この本のマフィンは、遠藤商事ブリキマフィン型#10を使用しました。きのこのような理想のフォルムで焼き上がります。ポンポネット型はポンヌフとコンベルサシオンで使用。パウンドケーキは松永製作所のパウンドケーキ型を使用。熱伝導率がよく型離れがいいです。フィナンシェは千代田金属のフィナンシェ型を使用しています。材質やコーティングはプロのパティシエが使用するものと同じなので、焼き上がりの違いは一目瞭然。こちらも熱伝導率がよく、型離れがいいので重宝しています。

PART. 2

小さな果物菓子

ガトーバスク

フランスのバスク地方発祥の伝統菓子。少し手間はかかりますが、好きなお菓子なので作ってくれる人が増えたらいいなと思い、カスタードを電子レンジで作ったりと、挑戦しやすいようにレシピを作りました。

← p.46

使う果物

黒さくらんぼジャム

あんバターと杏のダックワーズ

攻めた見た目に「いったいどんな味?」と思うかもしれませんが、あんもバターも1g単位でバランスを調整し、杏の酸味が加わることでくどくならずに1個ペロリとおいしく食べ切れるレシピになりました。

← p.48

使う果物
×
ドライアプリコット

p.44 →

ガトーバスク

材料―マフィン型（1個あたりφ54㎜×高さ28㎜）6個分

【カスタードクリーム】
卵黄…15g
グラニュー糖…25g
薄力粉…5g
コーンスターチ…3g
バニラビーンズペースト…2g
牛乳…80㎖
無塩バター…5g

【バスク生地】
無塩バター…160g
カソナード…160g
塩…ひとつまみ
卵黄…70g
ラム酒…6g
A
強力粉…80g
薄力粉…80g
アーモンドプードル…80g

カスタードクリーム

1. 耐熱容器に卵黄とグラニュー糖を入れて、白っぽくなるまでホイッパーで混ぜる。続いて薄力粉とコーンスターチを加えて混ぜる。バニラビーンズペーストも加えてさらに混ぜる。

2. 牛乳を加えながら絶えず混ぜる。

3. 500Wのレンジで1分加熱し、ホイッパーで混ぜる。さらに30秒加熱し、混ぜてからバターを加え、しっかり溶けてなじむまで混ぜる。

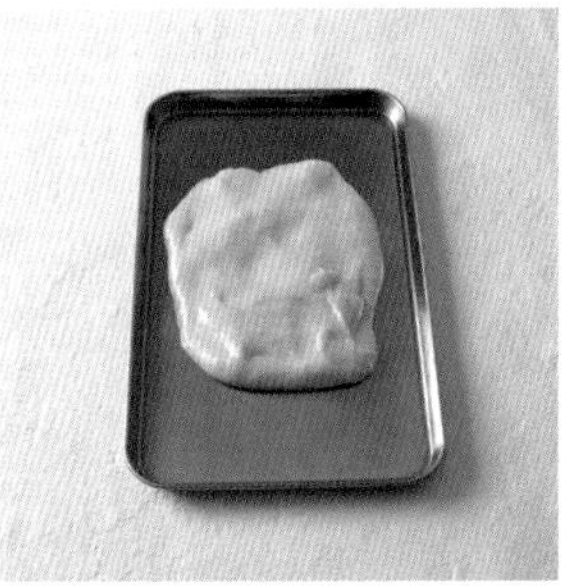

4. 3をバットに入れて薄くのばし、密着ラップをする。

5. 4の上下を保冷剤ではさんで急冷しておく。

バスク生地

6. ボウルにバターを入れ、ホイッパーですり混ぜる。カソナードと塩を加え、ゆっくりすり混ぜる。

7. 卵黄を2回ぐらいに分けて加え、その都度しっかり混ぜる。ラム酒も加えて混ぜる。

8. Aを加え、ゴムベラでさっくりと混ぜる。

Level
40min
35min
10min

黒さくらんぼジャム…90g
卵黄（ドレ用）…10g
牛乳（ドレ用）…小さじ1/4

下準備
・カスタードクリームの薄力粉とコーンスターチは一緒にふるっておく。
・バスク生地のバターと卵黄は常温に戻しておく。
・Aは一緒にふるっておく。
・オーブンは天板ごと170度に予熱しておく。

9. 丸口金をつけた絞り袋に8を入れる。

仕上げ

10. 9を型の底と側面に絞り、スプーンなどでならして冷凍庫で10分冷やす。

11. 10に黒さくらんぼジャムを1個あたり15gずつ入れる。

12. 5のカスタードクリームをボウルに入れ、ゴムベラでなめらかにしてから、丸口金をつけた絞り袋に入れる。ジャムの上に6等分に絞る。

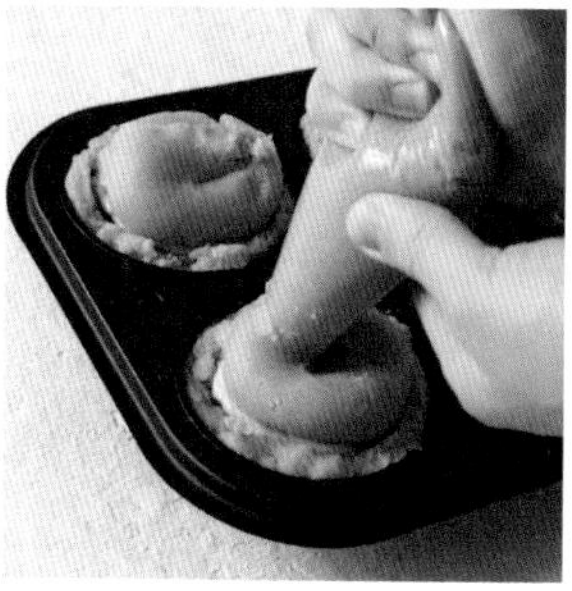

13. 10で余った生地を12の上から絞る。

14. スケッパーなどで平らにならし、周りを拭いてきれいにしておく。

15. ドレ（焼き上がりにツヤを出すため、生地に卵液を塗ること）用に卵黄と牛乳を混ぜておく。

16. ドレして、フォークで模様をつける。170度のオーブンで35分焼く。

Memo
・大きな型で焼くのもOKです。その場合は、焼成温度はそのままで時間を調整してください。

p.45 →

あんバターと杏のダックワーズ

材料―φ5cm 8個分

卵白…90g
グラニュー糖…30g

A
アーモンドプードル…40g
ピスタチオパウダー（アーモンドプードルでもOK）…30g
粉糖…40g
薄力粉…15g

粉糖…適量
あんこ…80g
無塩バター…56g
ドライアプリコット…8個

下準備
・Aは一緒にふるっておく。
・オーブンは170度に予熱しておく。

★★ Level
15min
15min

1. ボウルに卵白とグラニュー糖30gからひとつまみを入れ、ミキサーにかけて卵白のコシをきる。

2. 残りのグラニュー糖を3回に分けて加え、その都度泡立て、ボウルを逆さにしても落ちてこないくらいのしっかりとしたメレンゲを作る。

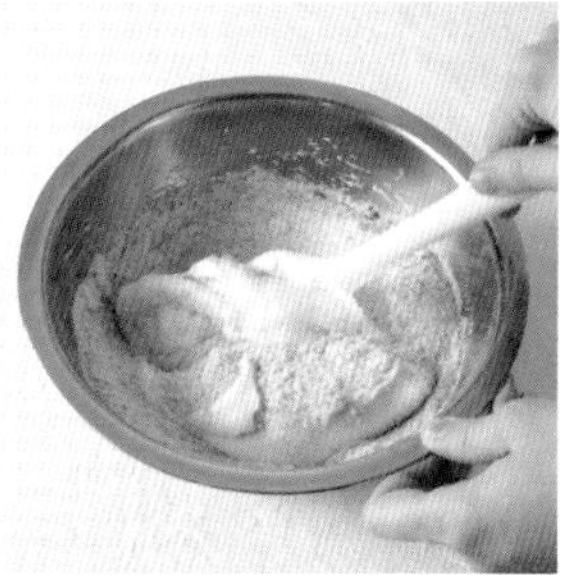

3. Aを加え、ゴムベラでメレンゲの泡をつぶさないように気をつけながらさっくりと混ぜる。

4. 大きめの丸口金（写真では15番〈口径1.5cm〉を使用）を絞り袋にセットして3を入れる。

5. シルパットに直径5cmになるように16個絞っていく。

6. 5に粉糖を茶こしでふりかけ、生地に染みて見えなくなったら、もう一度粉糖をふるう。170度のオーブンで15分焼き、冷ましておく。

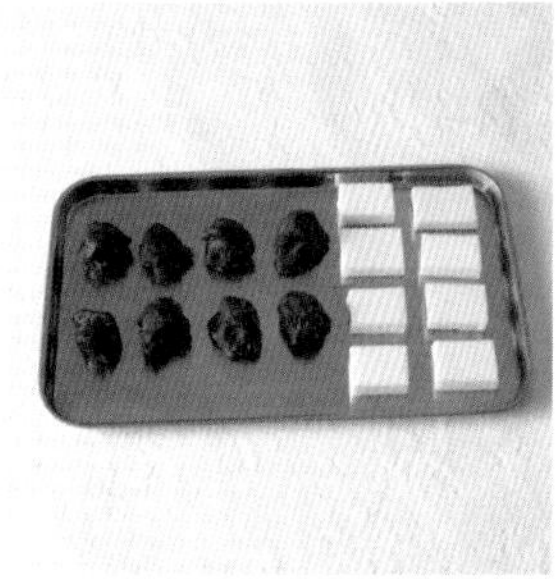

7. あんこは10g、バターは7gずつ8個に分けておく。

8. ダックワーズにあんこを塗り、バターとドライアプリコット1個をのせてサンドする。

レモンタルト

国産レモンが出まわる時期に、必ず作りたくなるのがシンプルなレモンタルト。レモンクリームのきれいな色も魅力です。きれいに仕上がるタルトリングの敷き込み方をぜひチェックしてみてください。

← p.50

使う果物
×
レモン

p.49 →

レモンタルト

材料ー φ7cmタルトリング 4個分

【タルト生地】
無塩バター…50g
粉糖…35g
塩…ひとつまみ
全卵…20g
薄力粉…90g
アーモンドプードル…10g

【レモンクリーム】
全卵…60g
卵黄…15g
グラニュー糖…45g
レモンの皮…1/2個分
レモン果汁…35g
無塩バター…35g
製菓用ホワイトチョコレート…適量

タルト生地

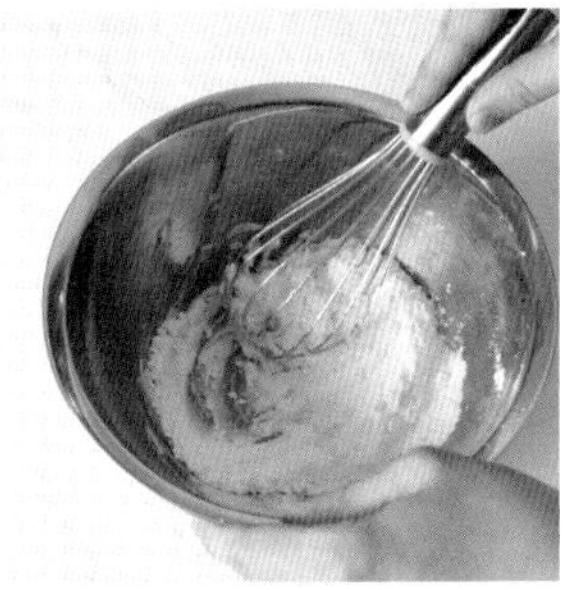

1. ボウルにバターを入れ、ホイッパーですり混ぜる。粉糖と塩を加え、粉っぽさがなくなるまでゆっくりすり混ぜる。

2. 全卵を2回ぐらいに分けて加え、その都度しっかり混ぜる。

3. 薄力粉とアーモンドプードルを加え、ゴムベラでさっくりと混ぜる。

4. ひとまとめにできたら生地を2等分にして取り出し、それぞれラップに包む。写真のように均等に生地をのばし、冷蔵庫でひと晩寝かせる。

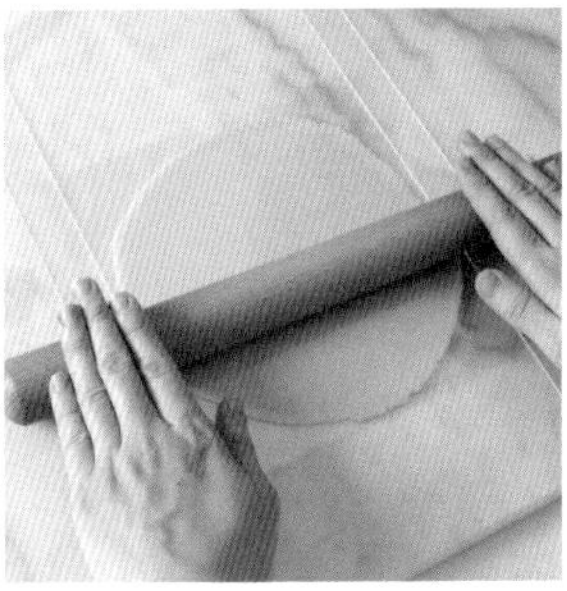

5. もみまとめた4の生地を2㎜厚さにのばす。ひとつはタルトリングが4個抜ける大きさに、もうひとつは22cm×8cmが取れる大きさ以上にして、1時間ほど冷蔵庫に入れる。

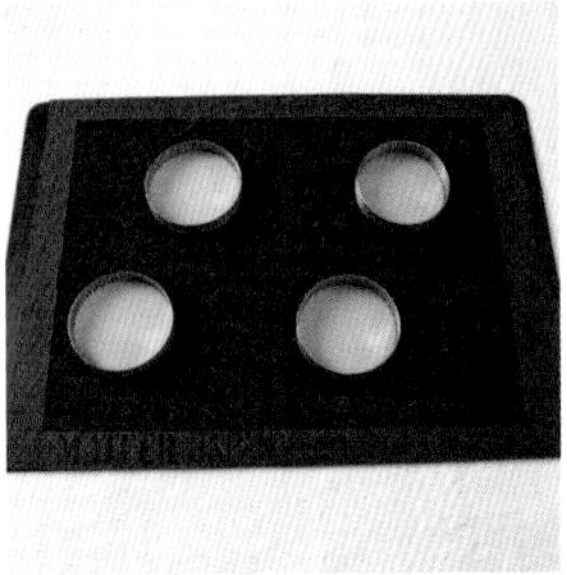

6. 天板にシルパンを敷き、5をタルトリングで抜き、底につけたまま天板に並べる。

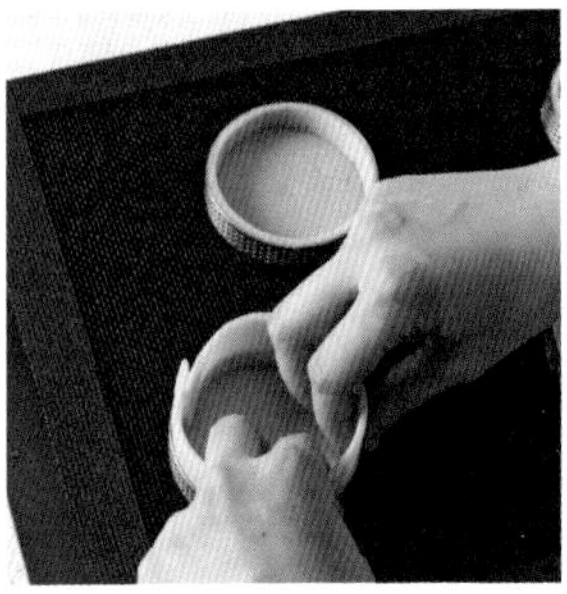

7. もうひとつの生地は22cm×2cmの帯状に4枚分切って、タルトリングの側面の内側につける。はみ出た部分はペティナイフなどでカットしておく。

8. 170度に予熱したオーブンで15分焼き、しっかり冷ましておく。

Level

40min

15min

13h

下準備
・タルト生地のバターと全卵は常温に戻しておく。
・レモンクリームの全卵と卵黄はそれぞれ計量して合わせておく。
・粉糖はふるっておく。薄力粉とアーモンドプードルは一緒にふるっておく。
・レモンの皮を削り、果汁も絞っておく。

9. 溶かしたホワイトチョコレートをタルトの内側に刷毛で薄く塗っておく。

レモンクリーム

10. ボウルに全卵と卵黄を加え、グラニュー糖を加えて混ぜる。さらにレモンの皮と果汁を加えて混ぜる。

11. 10を手鍋に移して中火にかけ、ホイッパーで絶えず混ぜながら鍋の底が見えるくらいのとろみがつくまで加熱していく。

12. 火を止めてバターを加え、なじむまで混ぜる。

13. 12をボウルに移し、氷水に当てて一気に冷やす。

仕上げ

14. 9に13のレモンクリームを流し入れる。

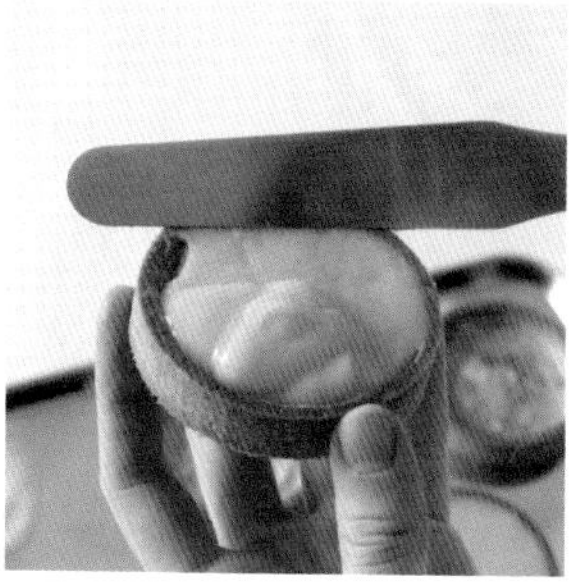

15. 表面をパレットナイフなどですり切る。

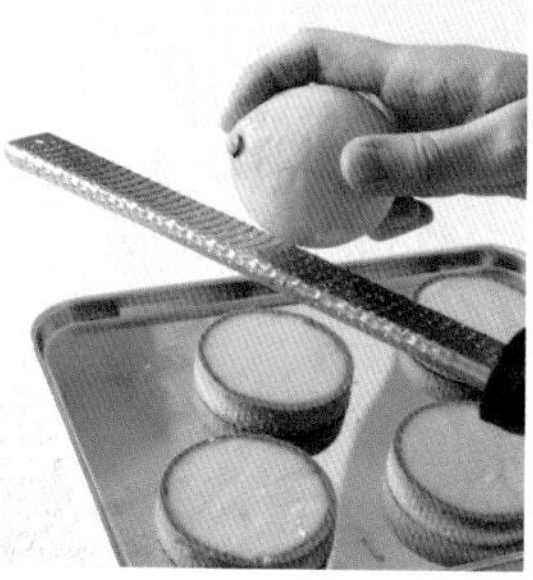

16. お好みでレモンの皮を削りながら散らす。

Memo
・タルト生地は薄くやわらかくなりやすいので、扱いづらくなったらその都度冷やしてください。
・穴開きタルトリングを使っていますが普通のでも大丈夫です。シルパンがない方は重石を使って焼き上げてください。

桃とアールグレイのマフィン

ピーチティーをイメージしたマフィン。しっかりと桃の果肉も入っていてぜいたく感があります。冷やしてから食べると、桃のジューシーさとフレーバーがさらにしっかり感じられるのでオススメです。

使う果物
桃

材料 — マフィン型（1個あたりφ55㎜×高さ31㎜）6個分

桃…小さめ1個
無塩バター…70g
グラニュー糖…80g
塩…ひとつまみ
全卵…80g
A
　薄力粉…120g
　アーモンドプードル…30g
　ベーキングパウダー…3g
茶葉（アールグレイ）…2g
牛乳…60ml

下準備

・バターと全卵と牛乳は常温に戻しておく。
・茶葉はミルサーなどで細かくする（ティーバッグの場合はそのままでOK）。
・Aは一緒にふるって茶葉と一緒にしておく。
・マフィン型にグラシンカップを敷いておく。
・オーブンは天板ごと180度に予熱しておく。

✶ Level
15min
23min

1. 桃は皮をむいて種を取り、半分を6等分にくし形切りにする。残り半分を2cm角に切る。

2. ボウルにバターを入れ、ホイッパーでクリーム状にする。

3. グラニュー糖と塩を加え、ふわっと白っぽくなるまで混ぜる。

4. 全卵を4回ぐらいに分けて加え、その都度しっかり混ぜる。

5. 粉類（Aと茶葉）の1/3を加えてゴムベラでさっくり混ぜ、牛乳の半量を加え混ぜ、同様に1/3の粉類、残りの牛乳、残りの粉類を加え、その都度全体を混ぜる。

6. 1の角切りの桃を5に入れ、潰さないようにゴムベラで大きく混ぜ込む。

7. 型に6をスプーンで等分に入れる。

8. 上に1のくし形切りの桃を1個ずつのせる。180度のオーブンで23分焼く。

Memo

・2〜4はハンドミキサーを使うとラクに作ることができます。

ブルーベリーとクリームチーズのクランブルマフィン

数あるマフィンの中でも私にとって王道のマフィンと言ったら、この組み合わせなんです。クランブルのサクサク感がより際立ち、ブルーベリーもジャムっぽく感じる、ほんのり温かいうちに食べるのが最高です。

← p.56

使う果物 × ブルーベリー

パイナップルとベーコンのマフィン

この本で唯一の甘じょっぱい系のお菓子で、甘いものが苦手な方にも◎。ベーコンとチーズの塩っ気は間違いなくパイナップルと合います。甘じょっぱい系が好きな方にはたまらない味わいだと思います。

← p.58

使う果物
パイナップル

ブルーベリーとクリームチーズのクランブルマフィン

材料 ― マフィン型（1個あたりφ55㎜×高さ31㎜）6個分

クリームチーズ…60g

A
【クランブル】
- 薄力粉…30g
- アーモンドプードル…10g
- 上白糖…20g
- 無塩バター…20g

【マフィン生地】
- 無塩バター…70g
- グラニュー糖…80g
- 塩…ひとつまみ
- 全卵…80g

B
- 薄力粉…120g
- アーモンドプードル…30g
- ベーキングパウダー…3g

牛乳…60㎖

1. クリームチーズを10gずつ6等分にする。

クランブル

2. Aをボウルの中で手でザッと混ぜる。バターを加え、手で潰しながらそぼろ状にボロボロにして冷蔵庫で冷やしておく。

マフィン生地

3. ボウルにバターを入れ、ホイッパーでクリーム状にする。

7. ブルーベリーを6に混ぜ込む。

仕上げ

8. 型の1/3くらいまでスプーンで7を入れる。続いてクリームチーズを入れる。

9. その上からまた7を入れ、クランブルをのせる。

★★
Level

25min

25min

4. グラニュー糖と塩を加え、ふわっと白っぽくなるまで混ぜる。

5. 全卵を4回ぐらいに分けて加え、その都度しっかり混ぜる。

6. Bの1/3を加えてゴムベラでさっくり混ぜ、牛乳の半量を加えて混ぜ、同様に1/3のB、残りの牛乳、残りのBを加え、その都度全体を混ぜる。

ブルーベリー…50g

下準備

・クランブルのバターは5㎜角にカットして、よく冷やしておく。
・マフィン生地のバターと全卵と牛乳は常温に戻しておく。
・クランブルのAは一緒にふるっておく。マフィン生地のBは一緒にふるっておく。
・マフィン型にグラシンカップを敷いておく。
・オーブンは天板ごと180度に予熱しておく。

10. 180度のオーブンで25分焼く。

Memo

・3〜5はハンドミキサーを使うとラクに作ることができます。
・余ったクランブルは冷凍保存しておくと便利です。

p.55 →

パイナップルとベーコンのマフィン

材料 ― マフィン型（1個あたりφ55mm×高さ31mm）6個分

パイナップル…100g
ベーコン…3枚
無塩バター…70g
グラニュー糖…80g
塩…ひとつまみ
全卵…80g
A
　薄力粉…120g
　アーモンドプードル…30g
　ベーキングパウダー…3g
牛乳…60mℓ
パルミジャーノレッジャーノのすりおろし…適量

下準備
・バターと全卵と牛乳は常温に戻しておく。
・Aは一緒にふるっておく。
・オーブンは天板ごと180度に予熱しておく。

★★ Level
20min
25min

1. パイナップルは1cm角にカットする。

2. ベーコンは2cmほどにカットし、フライパンで焼いて冷ます。

3. ボウルにバターを入れ、ホイッパーでクリーム状にする。

4. グラニュー糖と塩を加え、ふわっと白っぽくなるまで混ぜる。

5. 全卵を4回ぐらいに分けて加え、その都度しっかり混ぜる。

6. Aの1/3を加えてゴムベラでさっくり混ぜ、牛乳の半量を加え混ぜ、同様に1/3のA、残りの牛乳、残りのAを加え、その都度全体を混ぜる。

7. パイナップルとベーコンを6に混ぜ込む。

8. 型にグラシンカップを敷き、スプーンで7を等分に入れ、パルミジャーノレッジャーノを表面全体にかける。180度のオーブンで25分焼く。

Memo
・3～5はハンドミキサーを使うとラクに作ることができます。
・温かいうちに食べるマフィンです。冷めてしまったらトースターでリベイクしてください。

キャラメリゼバナナとくるみのマフィン

バナナをキャラメリゼするひと手間がありますが、そのほろ苦さが味の決め手になります。トッピングのバナナもあえて輪切りではなく、長めにスライスしてのせて新鮮な雰囲気に仕上がったのもお気に入りです。

← p.60

使う果物 × バナナ

p.59 →

バナナのキャラメリゼ

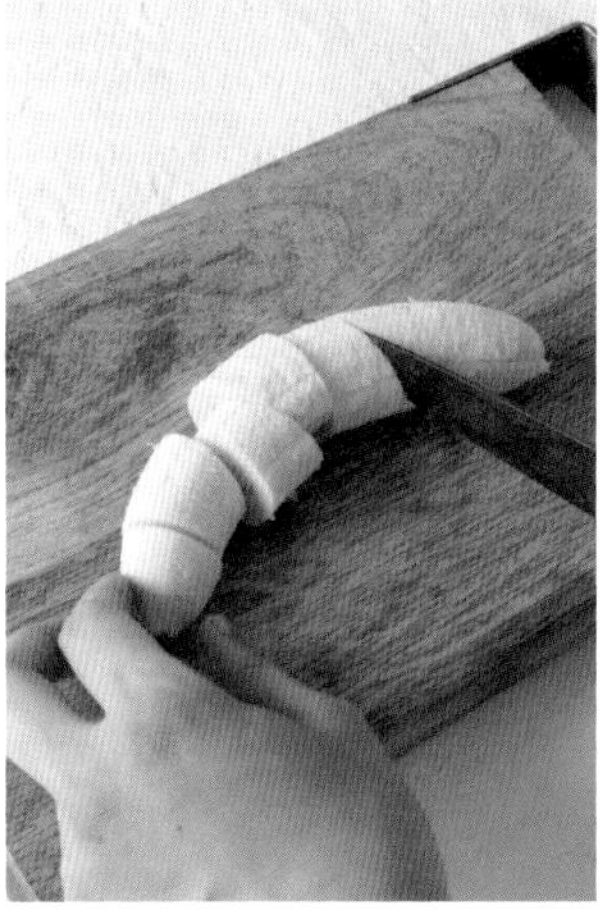

1. バナナはざく切りにする。

2. フライパンにグラニュー糖を入れて中火にかけ、カラメル状になったら1を加える。

3. 弱火で炒めてバナナがやわらかくなったら軽く潰して、バターを入れて絡め、火を止め、冷ましておく。

仕上げ

7. Aの1/3を加えてゴムベラでさっくり混ぜ、牛乳の半量を加えて混ぜ、同様に1/3のA、残りの牛乳、残りのAを加え、その都度全体を混ぜる。

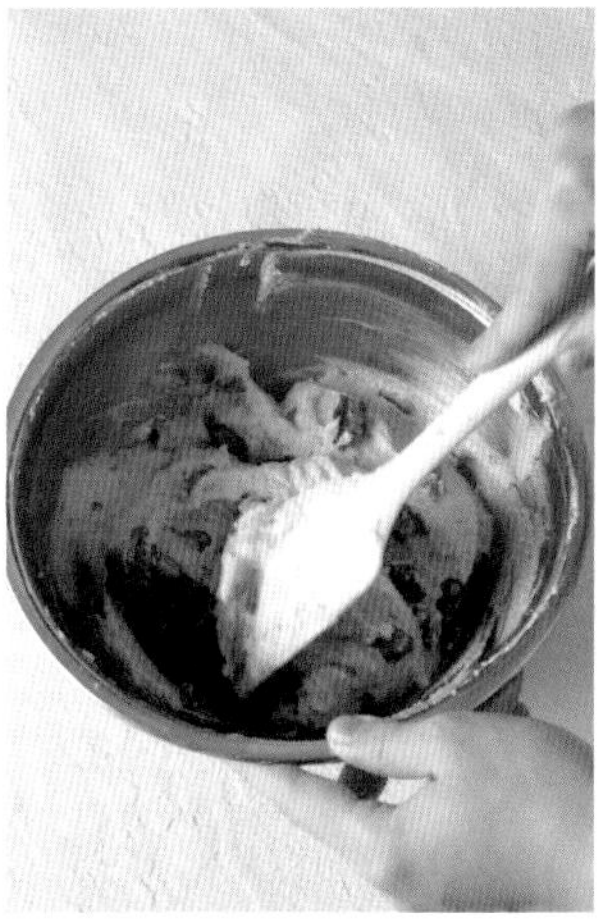

8. バナナのキャラメリゼとくるみを7に混ぜ込む。

9. 型に8をスプーンで等分に入れる。

キャラメリゼバナナとくるみのマフィン

材料 ─ マフィン型（1個あたりφ55㎜×高さ31㎜）6個分

【バナナのキャラメリゼ】
- バナナ…1本
- グラニュー糖…25g
- 有塩バター…10g

【マフィン生地】
- 無塩バター…70g
- グラニュー糖…80g
- 塩…ひとつまみ
- 全卵…80g
- A
  - 薄力粉…120g
  - アーモンドプードル…30g
  - ベーキングパウダー…3g
- 牛乳…60㎖
- くるみ…30g
- バナナ（トッピング用）…適量

★★
Level
25min
23min

4. ボウルにバターを入れ、ホイッパーでクリーム状にする。

5. グラニュー糖と塩を加え、ふわっと白っぽくなるまで混ぜる。

6. 全卵を4回ぐらいに分けて加え、その都度しっかり混ぜる。

10. お好みの形にカットしたトッピング用のバナナをのせ、180度のオーブンで23分焼く。

Memo

・4〜6はハンドミキサーを使うとラクに作ることができます。
・バナナのキャラメリゼはマーブル状でもしっかり混ぜ込んでもどちらでもおいしいので、混ぜ加減はお好みでどうぞ！

下準備

・バターと全卵と牛乳は常温に戻しておく。
・Aは一緒にふるっておく。
・くるみは160度で10分ローストして、2等分くらいにカットしておく。
・マフィン型にグラシンカップを敷いておく。
・オーブンは天板ごと180度に予熱しておく。

いちごのアーモンドムラング

サクッとホワッとした味わいが子どもから大人まで愛されるメレンゲ。そんなメレンゲにおめかしをした特別バージョン。このレシピではいちごを使いましたが、お好きなドライフルーツとチョコでお楽しみください。

使う果物
ドライいちご

Level
20min
2h

材料 ― 6個分

卵白…40g
グラニュー糖…50g
レモン果汁…小さじ1/2
バニラビーンズペースト…0.5g
コーンスターチ…1g
アーモンドスライス…5g
粉糖…適量
コーティングチョコレート…適量
ドライいちごチップ…12枚

下準備

・アーモンドスライスは160度で5分ローストしておく。
・クッキングシートなどで、チョコレートを絞り出すためのコルネを作っておく。
・乾燥剤をタッパーや瓶などに入れて用意しておく。
・オーブンは110度に予熱しておく。

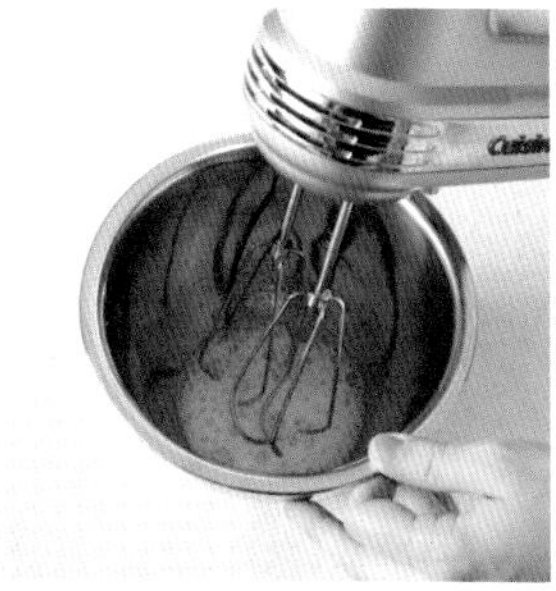

1. ボウルに卵白とグラニュー糖50gからひとつまみを入れ、ミキサーにかけて卵白のコシをきる。

2. 残りのグラニュー糖を3回に分けて加え、その都度しっかり泡立て、しっかりツノが立ち、先がおじぎするくらいのメレンゲを作る。

3. レモン果汁とバニラビーンズペーストを加え、全体に混ざるくらいまで軽くミキサーにかける。

4. コーンスターチを茶こしでふるいながら加え、ゴムベラでさっくりと混ぜる。

5. 天板にシルパットを敷いて、4をスプーンで6等分に分けながらのせる。

6. 片側半分にアーモンドスライスを散らし、茶こしで粉糖を全体にかける。110度のオーブンで2時間焼く。焼き上がったら、オーブンに入れたまま冷ます。

7. オーブンから出したらしっかり冷めているのを確認して、溶かしたコーティングチョコレートをコルネに入れ、アーモンドがないほうに絞る。

8. 固まる前にいちごチップを1個につき2枚のせる。

Memo

・冷めたものをそのままにしておくと、湿気で表面がベトベトになってしまうので、必ずすぐに乾燥剤を入れて密封しておいてください。

アプリコットとココナッツのフィナンシェ

アプリコットの酸味とココナッツの南国感を合わせ、夏っぽいイメージで考えた新鮮な味わいのフィナンシェです。焼けたココナッツの風味とゴロッと入ったアプリコットとの相性が抜群です。

使う果物
ドライアプリコット

★★ Level

20min

12min

材料―千代田金属のフィナンシェ型6個分

A
- 粉糖…40g
- アーモンドプードル…20g
- 薄力粉…18g
- ベーキングパウダー…1g

無塩バター…50g
卵白…50g
転化糖…5g
ドライアプリコット…6個
ココナッツロング…6g

下準備
- ・Aは一緒にふるっておく。
- ・オーブンは天板ごと180度に予熱しておく。

1. Aをボウルに入れ、ホイッパーでグルグルと混ぜる。

2. 手鍋にバターを入れて中火にかけ焦がし、それ以上焦げつかないようにボウルに張った水に鍋底をあてて色止めしておく。

3. 卵白と転化糖をボウルに入れ、泡立てないように混ぜながら湯煎して40度にする。

4. 1に3を入れて混ぜる。

5. 2の焦がしバターが40度に下がったら4と混ぜる。

6. ボウルにドライアプリコットを入れて熱湯を注ぎ、1分ほどしたら水気をしっかり切って、横半分にスライスする。

7. 型に油脂（分量外）を塗り、絞り袋にセットした5を絞り入れる。

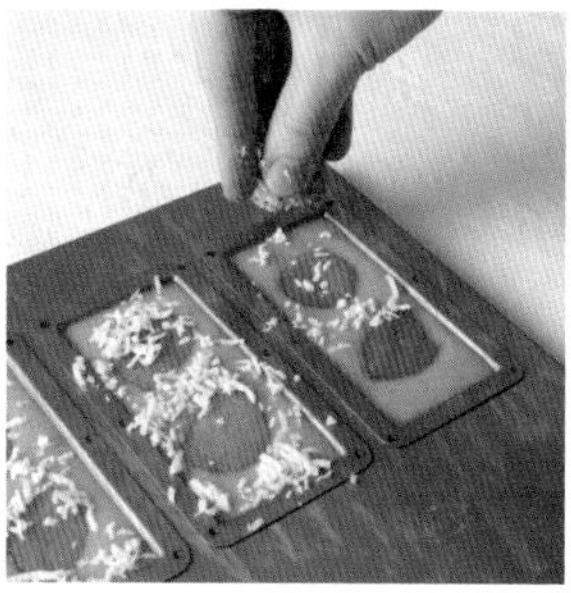

8. 1個につきドライアプリコットをカット面を下にして2つのせ、ココナッツロングを1gずつ散らす。180度のオーブンで12分焼く。

Memo

・ココナッツのカリカリ感が感じられる焼き立てもおいしいです。

洋梨とカカオのフィナンシェ

ゴロッと入れた洋梨とほろ苦いカカオニブが大人なフィナンシェです。大きめにカットした洋梨とカカオニブのカリカリ感でさらにジューシーさが際立ちます。カカオの苦みも癖になる味わいです。

使う果物
洋梨

★★ Level

20min

12min

材料 ― 千代田金属のフィナンシェ型6個分

A
粉糖…40g
アーモンドプードル…20g
薄力粉…11g
ココア…10g
ベーキングパウダー…1g

無塩バター…50g
卵白…50g
転化糖…4g
洋梨（缶詰）…半割り1個
カカオニブ…6g

下準備

・Aは一緒にふるっておく。
・オーブンは天板ごと190度に予熱しておく。

1. ボウルにAを入れ、ホイッパーでグルグルと混ぜる。

2. 手鍋にバターを入れて中火にかけ焦がし、それ以上焦げつかないようにボウルに張った水に鍋底をあてて色止めしておく。

3. 卵白と転化糖をボウルに入れ、泡立てないように混ぜながら湯煎して40度にする。

4. 1に3を入れて混ぜる。

5. 2の焦がしバターが40度に下がったら4と混ぜる。

6. 洋梨はシロップをしっかり拭き取ってから、縦6等分にカットする。

7. 型に油脂（分量外）を塗り、絞り袋にセットした5を絞り入れる。

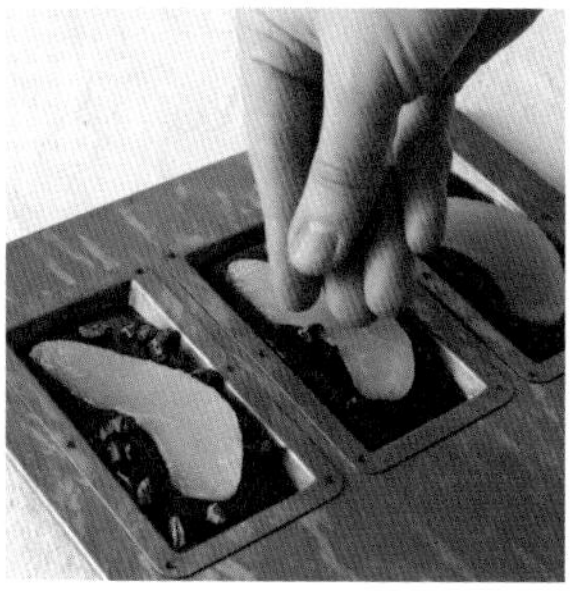

8. 型1個につき洋梨を1つのせ、カカオニブを1gずつ散らす。190度のオーブンで12分焼く。

Memo

・洋梨の水分がフィナンシェに移ってくるので、翌日中に召し上がってください。

ポンヌフ

フランスのセーヌ川に架かる橋「ポンヌフ」にちなんだお菓子。シュー生地とカスタードクリームを合わせて焼いた、不思議な食感をぜひ体験してみてください。フォルムや色みがとってもかわいいのも魅力。

← p.70

使う果物
×
ラズベリージャム

コンベルサシオン

フランス語で「会話」という意味のお菓子です。パイのサクサク感、りんごのジューシーさ、ダマンドのしっとり感、グラスロワイヤルのパリッと感、とそれぞれの食感の違いをぜひお楽しみください。

← p.72

使う果物 × りんご

p.68 →

ポンヌフ

材料―ポンポネット型【φ65mm（38mm）×高さ25mm】
6個分

パイシート（冷凍）
約10×20cm…2枚

【カスタードクリーム】
卵黄…15g
グラニュー糖…25g
薄力粉…5g
コーンスターチ…3g
バニラビーンズペースト
…1g
牛乳…80mℓ
無塩バター…5g

【シュー生地】
牛乳…25mℓ
水…25mℓ
無塩バター…20g
グラニュー糖…2g
塩…ひとつまみ
薄力粉…30g

1. パイシートを約2倍の大きさまでのばして、冷凍庫へ入れて扱いやすい硬さになったら、型より大きい抜き型（写真はパテ抜き型の98mm）で6個分型抜きして冷凍庫へ入れておく。ちょうどいい抜き型がなければフリーハンドでも大丈夫です。

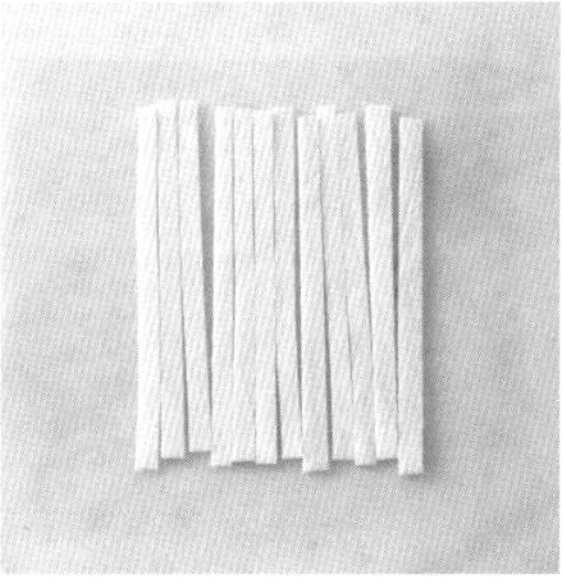

2. 余ったパイシートを幅5mmの紐状に、12本切って冷凍庫で冷やしておく。

カスタードクリーム

3. 耐熱容器に卵黄とグラニュー糖を入れて、白っぽくなるまでホイッパーで混ぜる。薄力粉とコーンスターチを加えて混ぜる。バニラビーンズペーストも加えさらに混ぜる。

4. 牛乳を加えながら絶えず混ぜる。

5. 4を500Wのレンジで1分加熱する。ホイッパーで混ぜ、さらに30秒加熱し、混ぜてからバターを加え、しっかり溶けてなじむまで混ぜる。

6. 5をバットに入れて薄くのばし、密着ラップをして上下を保冷剤ではさんで急冷しておく。

シュー生地

7. 手鍋に牛乳、水、バター、グラニュー糖、塩を入れ中火にかけ、沸騰させる。

全卵：50g
ラズベリージャム
：30g＋適量
粉糖：適量

下準備

・カスタードクリームの薄力粉とコーンスターチは一緒にふるっておく。
・シュー生地の薄力粉はふるっておく。
・シュー生地の全卵は常温に戻しておく。

Level ★★★
40min
33min

Memo

・ポンポネット型がなければマフィン型でも大丈夫です。
・シュー生地の卵の量は、工程10の硬さの目安に合わせて調整してください。

8. 火を止め、薄力粉を一気に加えてゴムベラでひとまとめにする。

9. 再び火にかけ、中火くらいで鍋底に薄い膜が張るまで混ぜながら火を通す。

10. 9をボウルに移し、全卵を5回くらいに分けて入れて、その都度しっかり混ぜる。生地をすくって、ゴムベラに生地が三角形に残るくらいが硬さの目安です。

11. 6をボウルに入れ、ゴムベラでなめらかにしてから10と合わせ、丸口金をつけた絞り袋にセットしておく。

仕上げ

12. 1のパイシートを型に隙間なくしっかり縁にひっかけるように貼りつけ、はみ出た部分は切り落とす。

13. 12にラズベリージャムを1個あたり5gずつ入れ、11を6等分に絞り、指に水をつけてきれいにならす。

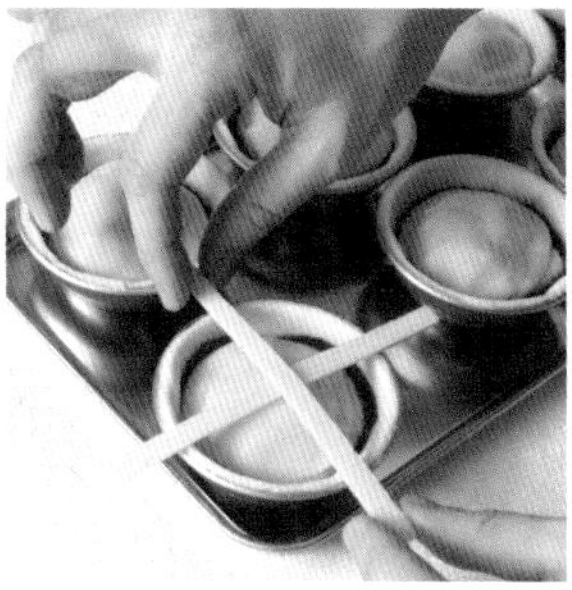

14. 2を13に十字になるようにのせ、はみ出た部分は切り落とす。天板ごと200度に予熱したオーブンで15分焼き、オーブンの中に入れたまま設定温度を170度に下げて18分焼く。

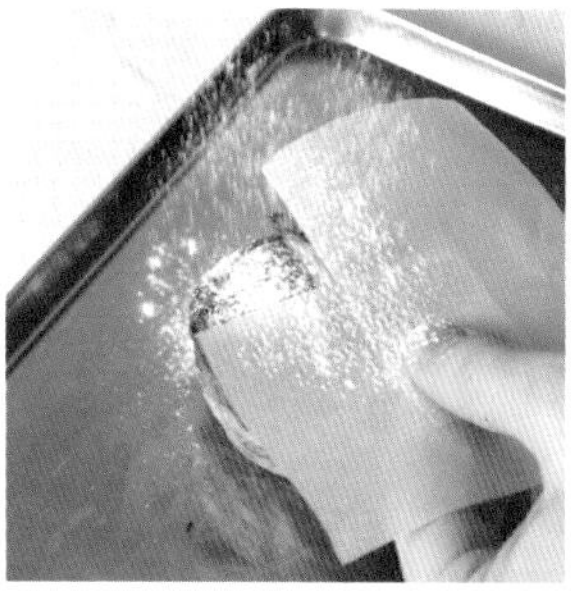

15. 紙などをかませて写真のように粉糖をふるう。

16. 粉糖がかかっていない部分にラズベリージャムをスプーンで塗る。

p.69 →

コンベルサシオン

材料 — ポンポネット型【φ65㎜（38㎜）×高さ25㎜】6個分

【ダマンド】
無塩バター…45g
バニラビーンズペースト…1g
粉糖…45g
全卵…45g
アーモンドプードル…50g

【りんごのシロップ煮】
りんご…1個
グラニュー糖…25g
レモン果汁…小さじ1/2
無塩バター…10g
パイシート（冷凍）約10×20cm…2枚

【グラスロワイヤル】
粉糖…50g

ダマンド

1. ボウルにバターを入れ、ホイッパーですり混ぜる。バニラビーンズペーストを加えて混ぜる。粉糖を加え、粉っぽさがなくなるまでゆっくりすり混ぜる。

2. 全卵を3回ぐらいに分けながら加え、その都度しっかり混ぜる。

3. アーモンドプードルを加え、ゴムベラで均一になるまで混ぜる。冷蔵庫で1時間寝かせる。

りんごのシロップ煮

4. りんごは2cm角ぐらいに切る。

5. 耐熱容器にりんごとグラニュー糖、レモン果汁、バターを入れてラップをし、500Wのレンジで3分加熱する。ラップを外し、軽く混ぜてからラップなしで2分加熱し、冷ましておく。

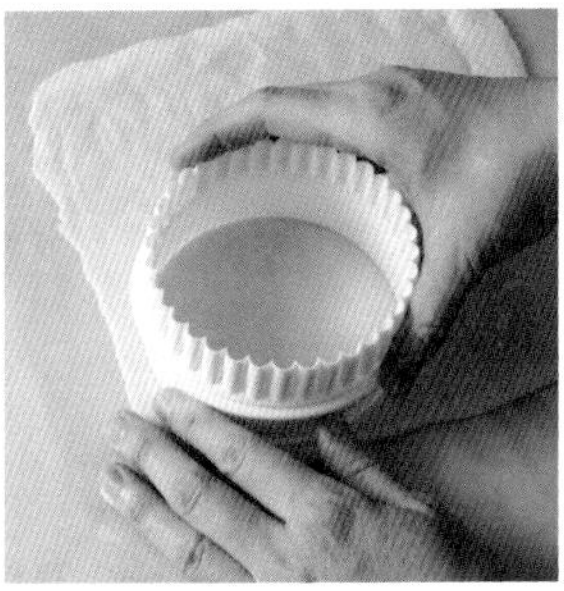

6. パイシートを約2倍の大きさまでのばして冷凍庫へ入れ、扱いやすい硬さになったら、型より大きい抜き型で6個分抜いて冷凍庫へ入れておく。

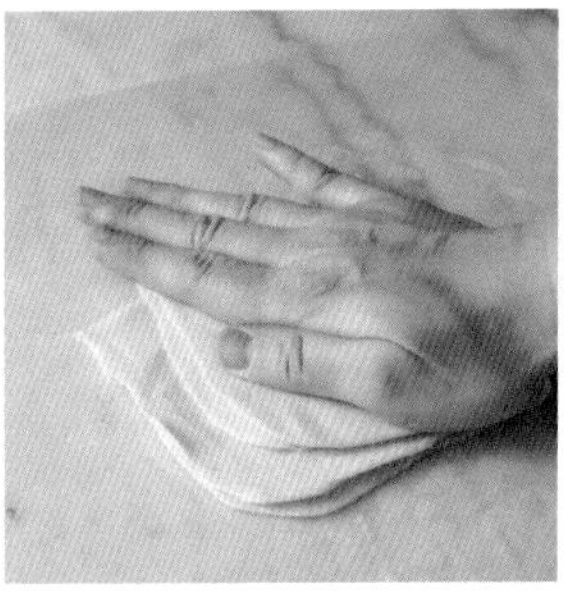

7. 余った部分のパイシートを折り畳むように重ねて、蓋用に6個分取れるくらいの大きさ（約23cm×15cm）にのばし、冷凍庫で冷やしておく。

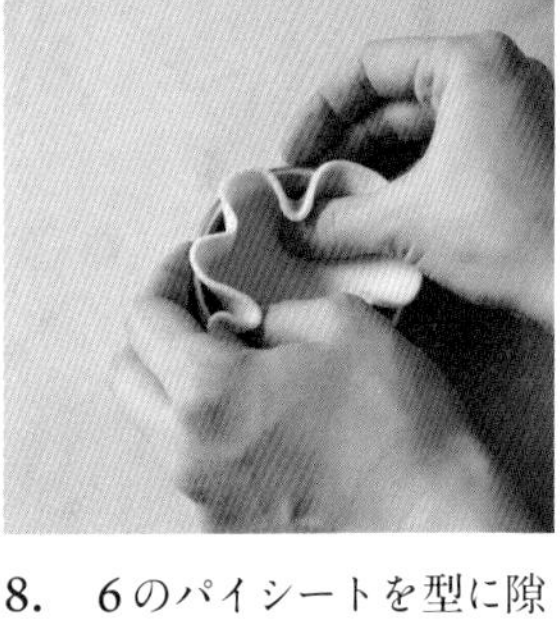

8. 6のパイシートを型に隙間なくしっかり貼りつける。

薄力粉…5g
卵白…10g

下準備

・バターと全卵は常温に戻しておく。
・ダマンドの粉糖とアーモンドプードルはふるっておく。
・グラスロワイヤルの粉糖と薄力粉は一緒にふるっておく。

Level
45min
30min
2h

Memo

・ポンポネット型がなければマフィン型でも大丈夫です。
・りんごのシロップ煮は余ったらヨーグルトやアイスなどにのせて食べてもおいしいです。
・焼き立てがオススメです。グラスロワイヤルがパリパリのうちにどうぞ！

9. 絞り袋に3のダマンドを入れて底に少し絞る。

10. 続いて5のりんごのシロップ煮を3切れずつ入れる。

11. 続いて残りのダマンドを上から絞り、表面をならしておく。

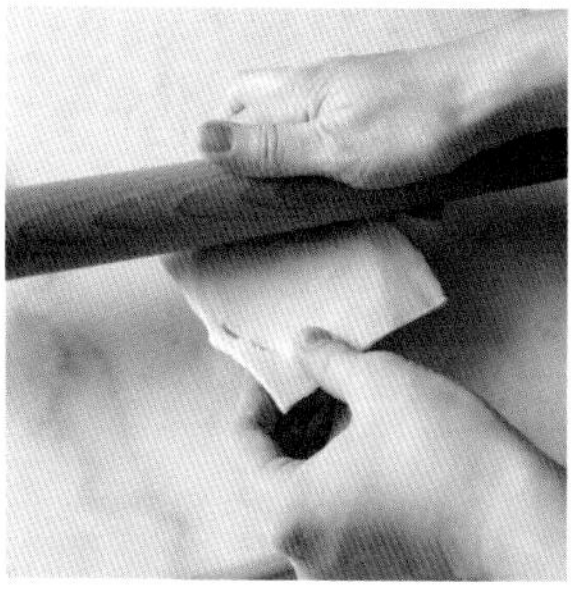

12. 7のパイシートを6等分に切り、11の上からかぶせてめん棒で転がす。

13. はみ出た生地を切り落とし、冷蔵庫で1時間寝かせる。

14. 13で切り落とした部分を折り畳むようにまとめ、長方形に薄くのばして冷凍庫へ入れる。切れる硬さになったら、幅2㎜の紐状に24本切って冷凍庫で冷やしておく。

グラスロワイヤル

15. ボウルに粉糖と薄力粉に卵白を入れ、ゴムベラでしっかりすり混ぜる。

仕上げ

16. 13に15をパレットナイフで薄く塗る。

17. 14を1個につき4本使って格子状に貼りつけ、はみ出た部分は切り落とす。楊枝で4カ所ほど穴を開ける。天板ごと180度に予熱したオーブンで30分焼く。

お菓子のラッピング

人に差し上げることも多い焼き菓子。家にあるものでできるラッピングのアイデアをご紹介します。

クラフトボックス × 焼き菓子数種

クッキングシート × クッキー

布や麻ひも × パウンドケーキ

つくったお菓子を人に差し上げる、という方も多いかもしれません。私は友人と遊びに行くときにちょこっと手みやげとして渡すことが多いです。手みやげにするのはマフィン、フィナンシェ、パウンドケーキ、クッキーなどの形崩れしにくいものが中心。わざわざラッピング材を用意するのも大変なので、主に家にあるものでラッピングしています。

上の写真はクラフトボックスに油性ペンで文字を書いてローリエを貼りました。クラフトの紙袋に油性ペンで書くだけでもおしゃれですし、フレッシュのローズマリーやタイムを使ってもかわいくできます。左上はクッキングシートを適当な大きさに切って二つ折りにし、両端をミシンで縫いました。ミシンがなければ手縫いでもかわいいです（その場合は太めの糸のほうが縫いやすいです）！　袋の大きさも変えやすく、クッキングシートや糸の色で自由自在にアレンジできます。右上の写真はパウンドケーキを袋に入れてからパニムールカップにも入れていますが、袋に入れて切った布を巻いただけでも雰囲気よく仕上がります。ここでは麻のひもにタグをつけて結びました。布は細く切ればリボンにもできるので、あると便利です。

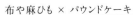

PART. 3

定番の果物菓子

オランジェット
ガレットブルトンヌ

私の好きなオランジェットとガレットブルトンヌを組み合わせた夢のお菓子です。乾燥させることで凝縮したオレンジの旨みとほろ苦のガレットブルトンヌは大人向けの味。食感のコントラストもお楽しみください。

← p.78

使う果物
×
オレンジ

ゆずクッキー

レモンクッキーがすごく好きなのですが、これをゆずで作ってみたらおいしいのでは？　と思い立って作ったレシピです。ゆずの上品な香りがしっかりと効いた思惑通りのおいしい仕上がりになりました。

← p.80

使う果物
ゆず

ガレット生地

1. シロップを拭き取ったオレンジの砂糖漬けを網の上にのせ、100度のオーブンで1時間（途中30分で1回ひっくり返す）焼き、室温で乾かしておく。

2. バターをホイッパーでクリーム状にして、粉糖と塩を加えて混ぜる。

3. 卵黄を加えて混ぜる。

7. セルクルよりひとまわり小さい型（写真はパテ抜きの58㎜）で型抜きする。2番生地も同様に行う。

8. シルパンを敷いた天板に並べ、セルクルをはめて、170度に予熱したオーブンで28分焼く。

9. 焼き上がったらセルクルをはずし、しっかり冷ましておく。

オランジェット ガレットブルトンヌ

材料｜φ6㎝セルクル 6個分

オレンジの砂糖漬け（スライス）…6枚

【ガレット生地】
- 無塩バター…80g
- 粉糖…50g
- 塩…ひとつまみ
- 卵黄…20g
- A 薄力粉…60g
  - ココア…12g
  - アーモンドプードル…12g
  - ベーキングパウダー…0.5g

製菓用スイートチョコレート…100g

Level

40min

1h/28min

13h

4. Aを加え、粉っぽさがなくなるくらいまでゴムベラで混ぜる。このとき練らないようにする。

5. 4の生地を均等にのばしてまとめ、ラップに包んで、ひと晩寝かせる。

6. もみまとめた生地を1cm厚さにのばし、1時間ほど冷蔵庫に入れる。

仕上げ

10. 9に1をのせる。

11. テンパリングしたチョコレートに10を半分くぐらせ、コーティングする。

Memo

- オランジェットは、出来上がっているものがあればそのまま使っていただいてももちろん構いません。今回は簡易的な方法をご紹介しました。
- テンパリングは少量なので私はマイクリオを使っています。コーティングチョコレートを使って溶かすだけでもOKです。

下準備

- オーブンを100度に予熱する。
- 粉糖はふるっておく。
- Aは一緒にふるっておく。
- バターと卵黄は常温に戻しておく。

p.77 →

ゆずクッキー

材料ー6cm六角形型 8枚分

【クッキー生地】
無塩バター…25g
粉糖…17g
塩…ひとつまみ
全卵…7g
ゆずの皮…1/2個分
薄力粉…45g
アーモンドプードル…5g

【グラスアロー】
粉糖…25g
ゆず果汁…5g

下準備
・ゆずの皮は削り、果汁は絞っておく。
・バターと全卵は常温に戻しておく。
・クッキー生地の粉糖はふるっておく。薄力粉とアーモンドプードルは一緒にふるっておく。
・グラスアローの粉糖はふるっておく。

★ Level
25min
15min/1min
13h

クッキー生地

1. ボウルにバターを入れ、ホイッパーですり混ぜる。粉糖と塩を加え、粉っぽさがなくなるまでゆっくりすり混ぜる。

2. 全卵を2回に分けて加え、その都度しっかり混ぜる。

3. ゆずの皮と薄力粉とアーモンドプードルを加え、ゴムベラでさっくりと混ぜる。

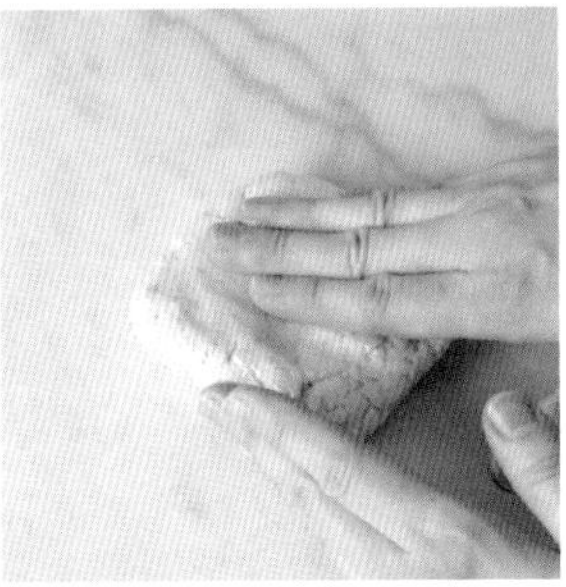

4. ひとまとめにできたら、生地を取り出してラップに包み、写真のように均等にのばし、冷蔵庫でひと晩寝かせる。

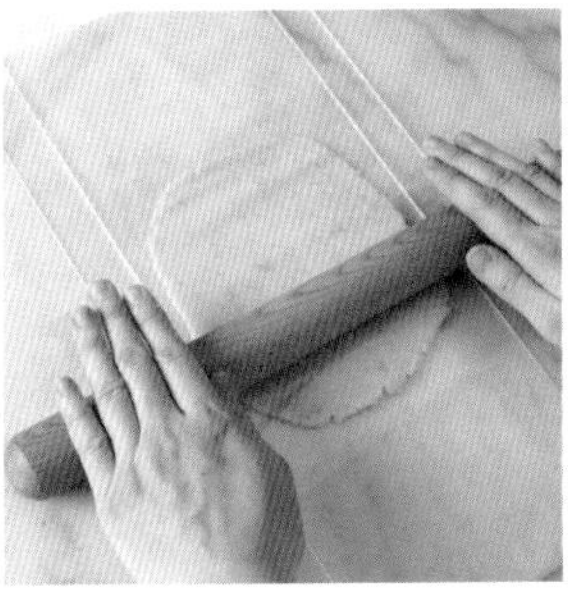

5. もみまとめた4を3mmの厚さにのばし、1時間ほど冷蔵庫に入れる。

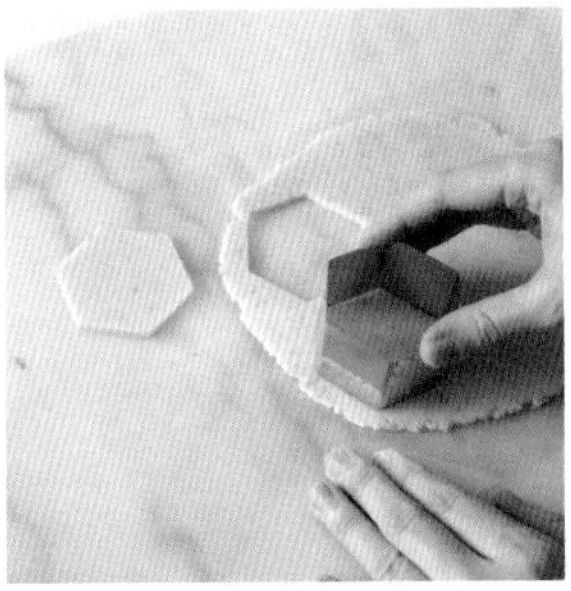

6. クッキー型で型抜きする。2番生地も同様に行う。

7. シルパンを敷いた天板に6を並べて、160度に予熱したオーブンで15分焼き、しっかり冷ましておく。

グラスアロー

8. ボウルに粉糖を入れ、ゆず果汁を加えてしっかり混ぜる。

仕上げ

9. 冷めたクッキーの表面に刷毛でグラスアローを塗る。網の上にのせ、200度のオーブンで1分焼いてオーブンから取り出す。表面がパリッとするまで乾かす。

モンブランカヌレ

カヌレの進化系。今回は贅沢にもモンブランと合わせてさらにデザート感がアップしました。シンプルなカヌレよりさらに生地のもっちり感が感じられ、濃厚なモンブランクリームとの相性も抜群です。

← p.82

使う果物
栗の渋皮煮、マロンペースト

p.81 →

モンブランカヌレ

材料 ― シリコンフレックス カヌレ型スモール18ヶ付 18個分

【カヌレ生地】
マロンペースト…60g
ラム酒…20g
卵黄…30g
卵白…10g
牛乳…250mℓ
バニラビーンズペースト…1g
無塩バター…10g
強力粉…25g
薄力粉…40g
グラニュー糖…75g
ブラウンシュガー…15g
無塩バター…適量（型に塗る用）

【モンブランクリーム】
マロンペースト…70g
無塩バター…7g
塩…ひとつまみ

カヌレ生地

1. ボウルにマロンペーストを入れ、ラム酒を3回ぐらいに分けて加え、その都度ゴムベラでマロンペーストをのばしていくように丁寧に混ぜる。同様に卵黄と卵白も3回ぐらいに分けて入れ、その都度混ぜる。

2. 手鍋に牛乳とバニラビーンズペーストを入れ、60度に温め、バターを入れて溶かす。

3. 別のボウルに強力粉と薄力粉、グラニュー糖、ブラウンシュガーを入れ、ホイッパーでグルグルと混ぜる。

4. 3に2を一気に入れ、ホイッパーで混ぜる。

5. 1も加え、混ぜる。

6. 一度濾してから、24時間以上冷蔵庫で寝かせる。オーブンで焼く1時間ほど前に冷蔵庫から出して、常温に戻しておく。

7. オーブンを天板ごと230度に予熱しておく。ゴムベラで6を静かに均一になじませるように混ぜる。

8. 7を計量カップなどの注ぎやすい容器に入れ替える。

栗の渋皮煮…1個
金箔…適量

下準備

・卵黄と卵白はそれぞれ計量して合わせ、常温に戻しておく。
・強力粉と薄力粉は一緒にふるっておく。
・型に塗るバターとモンブランクリームのバターは作業する前に常温に戻しておく。

Level
30min
1h
24h

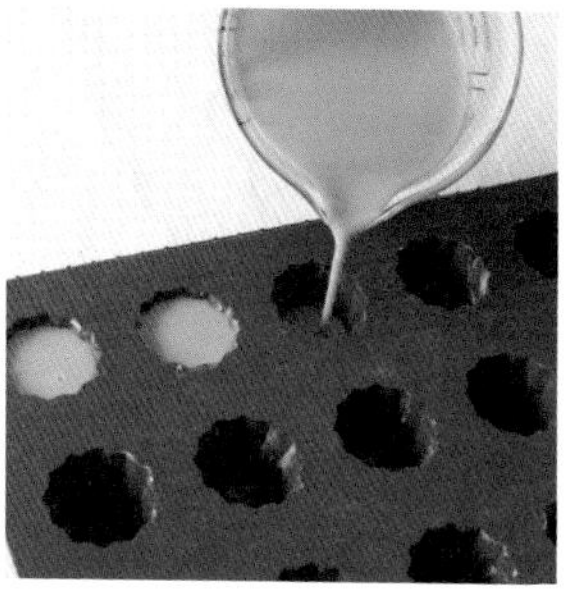

9. 型にバターを塗って、8を八分目〜九分目まで注ぐ。

10. オーブンから天板を出して、9をのせ、220度で20分焼く。オーブンの中に入れたまま設定温度を170度に下げて40分焼く。オーブンから出して10分ほどそのまま置いてから、逆さまにして型から取り出し、冷ましておく。

モンブランクリーム

11. ボウルにマロンペーストを入れ、ゴムベラで練ってからバターと塩を加え、よく混ぜ合わせる。

仕上げ

12. 栗の渋皮煮を小さくカットする。

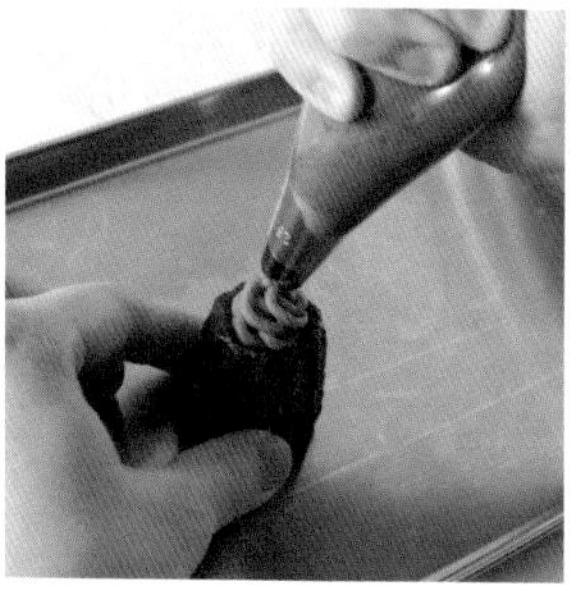

13. お好きな口金をつけた絞り袋にモンブランクリームを入れて、カヌレの上に絞る。

14. 栗の渋皮煮をのせて金箔をあしらう。

Memo

・カヌレのポイントは、牛乳の温度はしっかり測る・生地は泡立てない混ぜすぎない・生地はしっかり寝かせ、常温に戻すことです。また予熱のブザーを当てにせず、オーブンの庫内温度をしっかり測ること。カヌレは温度が大事です。
・こちらのカヌレは冷蔵庫で保存してください。

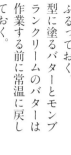

リーフパイ

パイシートの余った端切れ救済レシピです。簡単に作ることができて、嫌いな人の少ない定番のお菓子。ザラメ糖のジャリジャリ感がポイントです。お好きなジャムをはさんで楽しんでください。

使う果物

ブルーベリージャム

Level
10min
25min
10min

材料 ― 6枚分
パイシート（冷凍）…約10cm×20cm 2枚
ブルーベリージャム…適量
ザラメ糖…適量

下準備
・パイシートは冷凍庫から出し、半解凍しておく。
・オーブンは180度に予熱しておく。

1. パイシートを2倍の大きさになるようにめん棒でのばし、10分ほど冷凍する。

2. 型で12枚抜く。

3. 2をシルパットを敷いた天板に6枚並べ、ティースプーン1杯分くらいのブルーベリージャムをのせ、縁よりひと回り内側まで広げる。

4. 残りの6枚はナイフで葉脈の模様を描いて、ザラメ糖を上からかけ、軽く手で押さえる。

5. 4を3の上にかぶせる。

6. 180度のオーブンで10分焼きオーブンから出し、クッキングシートをのせ、フライ返しなどで上からプレスして潰し、再び15分焼く。

Memo

・パイシートは作業中やわらかく扱いづらくなったら、その都度冷凍してください。
・ジャムが出てこないようにするため、模様はなるべく下まで切り込まないようにしてください。
・工程6でプレスしている時は、オーブンは稼働させておいてください。
・ザラメ糖はグラニュー糖でも代用可能です。

オートミールクッキー

噛みしめるほど滋味深い、サクサクとしたオートミールクッキーはレーズンをたっぷりと。寝かし時間も必要なしでワンボウルですぐに完成する簡単さが魅力。思い立ったときにぜひ作ってみてください。

使う果物
レーズン

★
Level

10min

13min

材料 ― 8枚分
レーズン…20g
無塩バター…35g
ブラウンシュガー…25g
メープルシロップ…15g
卵白…10g
オートミール…50g
A
薄力粉…35g
ベーキングパウダー…1g
シナモン…0.5g
ナツメグ…ひとふり

塩…ひとつまみ
くるみ…15g

下準備
・Aは一緒にふるっておく。
・くるみは160度で10分ローストして刻んでおく。
・オーブンは180度に予熱しておく。

1. ボウルにレーズンを入れ、熱湯（分量外）を注ぎ、1分ほどしたら水気をしっかり切っておく。

2. 別のボウルにバターを入れ、湯煎で溶かす。

3. 2にブラウンシュガー、メープルシロップ、卵白を順番に加え、その都度ホイッパーで混ぜる。

4. 3にオートミールを加え、ゴムベラで混ぜる。

5. 4にAと塩を加え、粉っぽさが少し残っている状態で、1のレーズンとくるみを加えて混ぜ合わせる。

6. 天板にシルパットを敷き、5を8等分にして丸めてから天板に並べる。

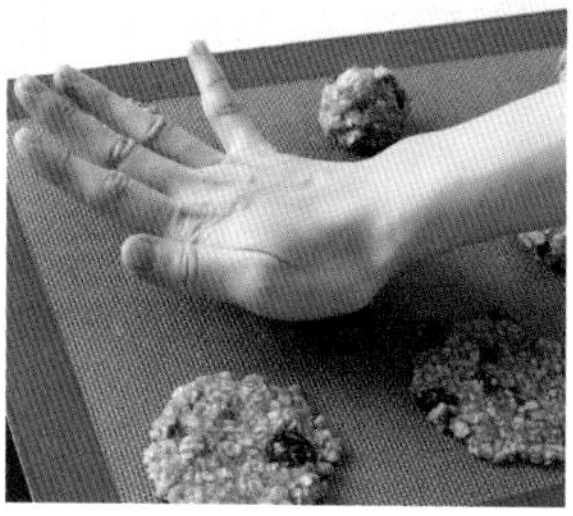

7. 手のひらでなるべく薄くのばす（目安は直径約7cm）。180度のオーブンで13分焼く。

Memo
・焼きが甘いと食感が変わってしまうので、しっかり茶色くなるまで焼き込みましょう。

フランボワーズ フォンダンショコラ

シンプルなレシピ故に、ぜひおいしいチョコレートで作ってもらいたいです。ちなみにフランボワーズにはカカオ分が高いチョコレートがオススメ。アイスをのせて温度差を楽しんでもおいしくいただけます。

← p.90

使う果物 × フランボワーズ

ラムレーズン ショコラマドレーヌ

この本を作るときに一番最初に載せようと思ったオススメレシピです。しっとりしたマドレーヌに薄くシャリッとまとったグラスアローの食感は最高です。ラムレーズンが好きな方にはぜひ作っていただきたいです。

← p.91

使う果物

ラムレーズン

p.88 →

フランボワーズ
フォンダンショコラ

材料 ─ 耐熱容器（φ80㎜×高さ35㎜）3個分

製菓用ビターチョコレート … 90g
無塩バター … 75g
グラニュー糖 … 30g
塩 … ひとつまみ
全卵 … 120g
ココア … 8g
コーンスターチ … 7g
フランボワーズ … 18個

下準備

・チョコレートは刻んでおく。
・バターは小さく切っておく。
・全卵は常温に戻しておく。
・ココアとコーンスターチは一緒にしておく。
・オーブンは天板ごと180度に予熱しておく。

★ Level
10min
10min

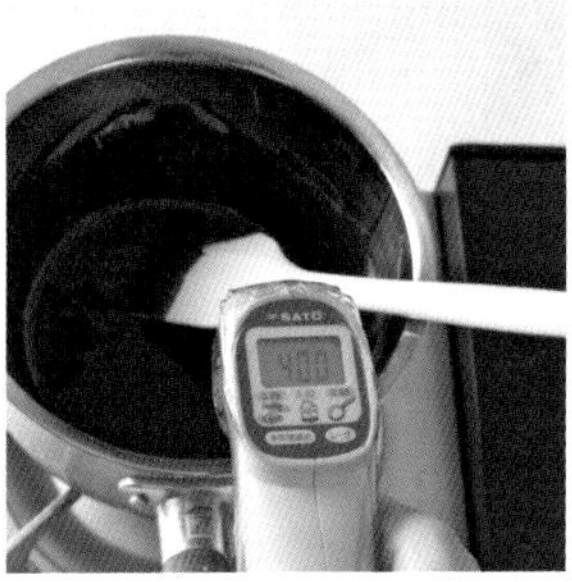

1. ボウルにチョコレートとバターを入れ、湯煎で溶かし40度にする。

2. 1にグラニュー糖、塩、全卵を加え、その都度ホイッパーでしっかり混ぜる。

3. ココアとコーンスターチを、茶こしでふるいながら加えて混ぜる。

4. 耐熱容器に3つに分け入れる。

5. 180度のオーブンで5分焼いて取り出し、容器1つにつきフランボワーズを6個のせて、さらに同じ温度で5分焼く。

Memo

・薄力粉が入っていないので、中がトロトロでも安心です！ 容器によって焼成時間を調整してください。

p.89 →

ラムレーズン ショコラマドレーヌ

材料 — 松永製作所 マドレーヌシェル型 8個分

【マドレーヌ生地】
全卵…60g
はちみつ…15g
A
薄力粉…45g
ココア…22g
グラニュー糖…45g
ベーキングパウダー…2g
製菓用スイート チョコレート…30g
無塩バター…75g
ラムレーズン…30g

【グラスアロー】
粉糖…75g
水…10g
ラム酒…5g

下準備
・Aは一緒にふるっておく。
・全卵は常温に戻しておく。
・グラスアローの粉糖はふるっておく。

★★ Level
25min
13min/1min
1h

マドレーヌ生地

1. ボウルに全卵とはちみつを入れ、ホイッパーで混ぜる。

2. Aの材料を入れたボウルに1を加え、ホイッパーで混ぜる。

3. 別のボウルに刻んだチョコレートと小さく切ったバターを入れ、湯煎して溶かし40度〜45度にする。3回に分けて2に加え入れ、その都度混ぜる。

4. 3にラムレーズンを加え、ゴムベラに持ち替えてさらに混ぜる。常温で1時間寝かせる。

5. 型に油脂（分量外）を塗り、絞り袋に入れた4を型に絞り、表面を軽くならしておく。天板ごと180度に予熱したオーブンで13分焼き、型から取り出し、しっかり冷ましておく（夏場につくる場合は、生地を冷蔵庫で1時間寝かせて、絞れるかたさになるまで常温で戻してください）。

グラスアロー

6. ボウルに粉糖を入れ、水とラム酒を加えてしっかり混ぜる。

仕上げ

7. 冷めたマドレーヌの表面に刷毛でグラスアローを塗る。網の上にのせ、200度のオーブンで1分〜1分半くらい表面に軽く透明感が出るまで焼く。

8. オーブンから取り出し、表面がパリッとするまで乾かす。

ファーブルトン

ファーブルトンはフランスのブルターニュ地方に古くから伝わる郷土菓子。もっちりとした食感がとても美味しく、簡単に作ることができるので、日本でももっと広まればいいなと思っているお菓子のひとつです。

使う果物

×

ドライプルーン

★
Level

10min

40min

12h

材料 — マフィン型（1個あたりφ73㎜×高さ28㎜）6個分

全卵…45g
卵黄…10g
グラニュー糖…25g
ブラウンシュガー…15g
塩…ひとつまみ
バニラビーンズペースト…2g
薄力粉…45g
牛乳…120mℓ
生クリーム（動物性47%前後）…75g
ラム酒…7g
ドライプルーン…9個
無塩バター（型用）…適量
グラニュー糖（型用）…適量
粉糖…適宜

下準備
・全卵と卵黄はそれぞれ計量して合わせておく。
・薄力粉はふるっておく。

1. ボウルに全卵と卵黄を入れ、グラニュー糖とブラウンシュガー、塩、バニラビーンズペーストを加えてホイッパーで混ぜる。

2. 薄力粉を加えて混ぜる。

3. 牛乳と生クリーム、ラム酒を少しずつ加え、その都度泡立てないようにしっかり混ぜる。

4. 3を一度濾してから冷蔵庫でひと晩寝かせる。

5. 冷蔵庫から4を取り出し、ゴムベラで静かに均一になじませるように混ぜる。オーブンを天板ごと180度に予熱しておく。

6. ドライプルーンを2等分に切る。

7. 型に常温に戻したバターを塗り、グラニュー糖をまぶす。

8. 型にドライプルーンを1個あたり3個ずつ入れる。

9. 5を型に等分に流し入れ、180度のオーブンで40分焼く。お好みで粉糖をふりかける。温かいうちにアイスクリームをのせてもおいしくいただけます。

私のお気に入りのうつわ

お菓子をつくっているときに気になるのがうつわやグラス、カトラリー。日常的に愛用している、いくつかのアイテムをご紹介します。

a

b

c

d

e

f

a. プエブコのカッティングボード

ステンレスのハンドルがついたかっこいいカッティングボードは、使うほどに味が出てくるのがお気に入りです。食材を切るのはもちろんですが、ブランドタグの部分が好きなのでそこが見えるようにスタイリングによく使います。

b. 土本製陶所

特にこちらのレリーフシリーズがお気に入りです。大きいサイズのオーバルプレートはパウンド型を1本のせるのにぴったりで、まさにこれを探していました！という理想のプレートでした。シンプルなお菓子を引き立て華やかに見せてくれます。

c. 竹俣勇壱さんのシルバー類

アンティークのような風合いがあり、見た目が美しいのが魅力的ですが、それだけではなくカトラリーは日本人の口に合うように計算されたデザインであることもお気に入りの理由のひとつです。

d. アンティークのうつわ

アンティークは同じものには二度と出会えない、そんな宝探しみたいな感覚も大好きで、愛着もすごく湧きます。茶色い単色の焼き菓子を写真に撮るのは難しいのですが、アンティークのプレートにのせるだけで絵になります。

e. ヴィジョングラス

まっすぐなフォルムとガラスの透明感がお気に入りです。飲み物はもちろん、グラススイーツに使ったり、なんと言ってもオーブン調理対応なのが嬉しいです。この本のレシピなら、フォンダンショコラやスフレを焼いたらかわいく仕上がりそうです。

f. 角田淳さんのカップ&ソーサー

高台つきですがよい意味で上品すぎず存在感があり、ブルーグレーの色みも相まってクール感があるところが気に入っています。ソーサーはプレートとしても使えるので、マドレーヌやフィナンシェなどの小さな焼き菓子をのせたりもします。

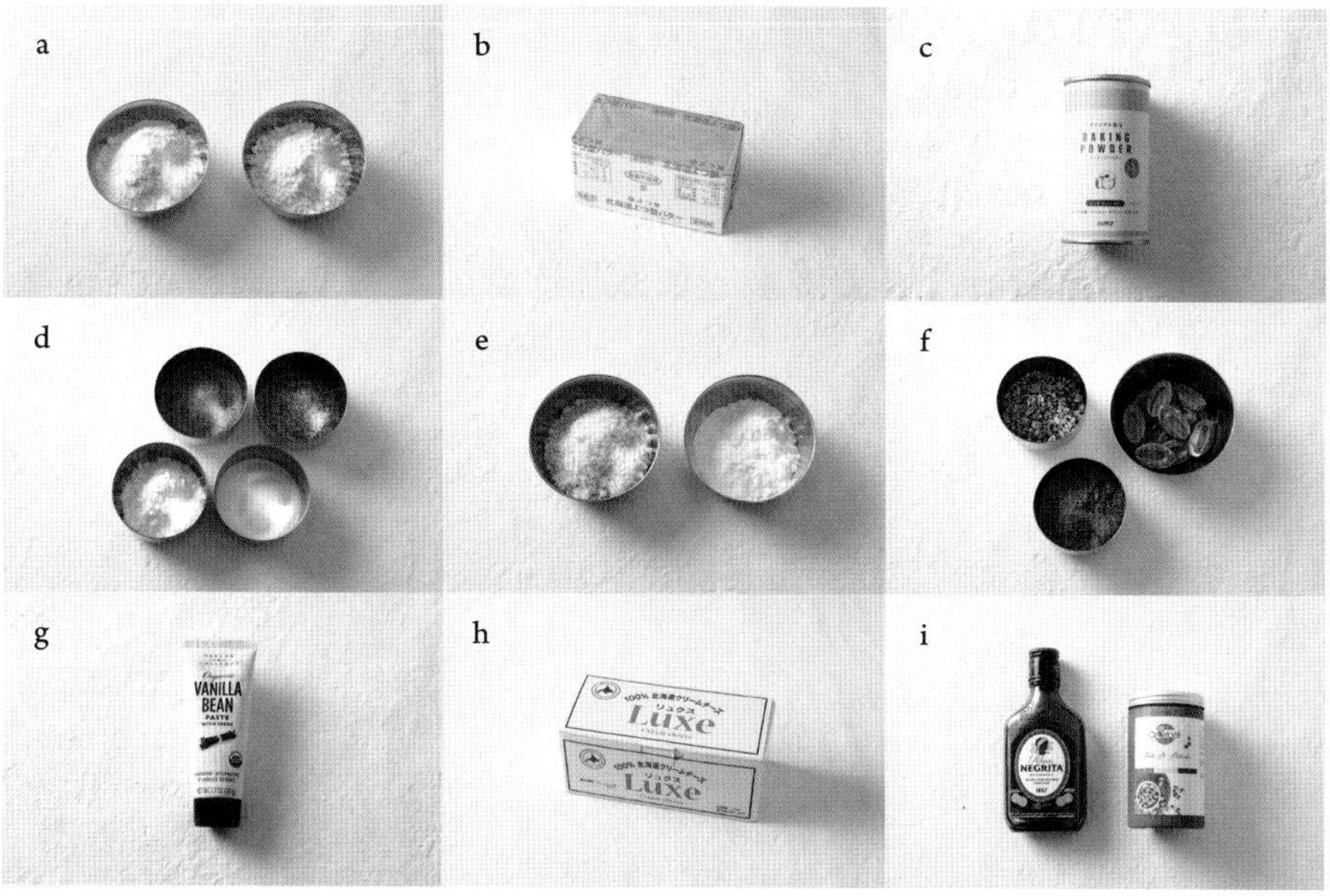

私のお菓子づくり、定番の材料

この本のレシピで使っている材料についてご紹介します。これから買い足すものなどの参考にしてみてください。

a. 粉類

フランス産小麦の薄力粉エクリチュール（右）は粒子が粗く、触れるととてもサラサラとしていてダマになりにくいのが特長、クッキーなどのサクサクに焼き上げたいお菓子はエクリチュールがおすすめです。アメリカ産の良質な小麦を主原料とする特宝笠《とくたからがさ》（左）はタンパク含量が少なめでしっとりとした焼き上がりとソフトな口当たりに仕上がります。どんな薄力粉でももちろん大丈夫ですが、こうやって薄力粉を使い分けて作ってみるのも楽しいと思います。

b. バター

お菓子づくりのベースとなるバターは、よつ葉バターの無塩タイプ。無塩バターはミルキーな風味とコクが足されます。使いきれない場合は小さく切って冷凍しておくと便利です。

c. ベーキングパウダー（cottaオリジナル）

生地をふんわり軽めに仕上げるためにベーキングパウダーを使います。私はアルミ不使用のものを選んでいます。こちらは短時間でしっかりふくらみ、焼き上がってからの焼き縮みも防いでくれます。

d. 砂糖類

右上のカソナードはフランス産のブラウンシュガーで、粒が粗めなのでお菓子にザクザク感とコクをプラスしたいときに。右下の細目グラニュー糖は粒子が細かいので短時間で生地になじみやすく、すっきりとしたしつこさのない上品な甘さに仕上がります。左上のきび砂糖はミネラルたっぷりなので風味とコクがある仕上がりに。左下は粉糖です。

e. アーモンドプードルとコーンスターチ

アーモンドプードルはアーモンドを粉状にしたもの。お菓子にコクやしっとり感が欲しいときに使います。また、クッキーやタルト生地に使うと歯触りが良く、口の中でもろく溶けるような食感に仕上がります。コーンスターチはとうもろこし澱粉から作られています。私はレア感のある生地に仕上げたいときに使います。

f. 製菓用チョコ、ココアパウダー、カカオニブ

製菓用チョコレートとココアパウダーは、世界のトップ・パティシエたちに愛されるフランスのヴァローナ社のものを使用しています。カカオの風味豊かでお気に入りです。カカオニブは大きめに砕かれたものがより食感のアクセントになりおすすめです。

g. バニラビーンズペースト

通常なら鞘をナイフで割いて、中身を取り出さないといけないバニラビーンズですが、ペーストを使えば、その面倒な手間を省き、お手軽に本格的な風味を楽しむことができます。チューブタイプが使いやすく、おすすめです。

h. クリームチーズ

北海道の新鮮な生乳を100%使用したフレッシュでクリーミーなリュクスのクリームチーズはやわらかくなめらかなので作業性もとても良いです。今回はバスクチーズケーキに使いました。マフィンの中に入れるクリームチーズなどで酸味や塩味が強いものがよければ、kiriがオススメ。お好みによって使い分けてみてください。

i. ピスタチオペーストとラム酒

グランベルのピスタチオペーストは、皮むきグリーンピスタチオを原料にしローストしたものをローラーで丁寧に加工したペーストなので、ピスタチオ独特の豊かな風味が生きています。ラム酒はサトウキビから作られる蒸留酒。香りを出すときに使いますが、特にネグリタラムは焼き菓子でも香りが飛ばないのでおすすめです。

yuka*cm（ユカセンチ）

フードコーディネーター。日本菓子専門学校卒業。ケーキ店勤務やパウンドケーキ卸売の共同経営などを経て現在は企業へのレシピ開発やイベントへの登壇、カフェメニューや地方グルメの監修などで活躍中。インスタグラムでは地味菓子を中心に投稿。バスクチーズケーキやカヌレのレシピが話題となり、現在は8.5万フォロワー。著書に『愛すべき地味菓子』（大和書房）がある。
cottaオフィシャルパートナー。

Instagram　@yuka_cm_cafe

STAFF
ブックデザイン　三上祥子（Vaa）
写真　原幹和
スタイリング　ふかのほのか
校正　木野陽子
編集　油利可奈（大和書房）

製菓材料・道具協力
cotta　https://www.cotta.jp/
撮影協力
Fleuve　https://20200923.stores.jp/

おやつに、手《て》みやげに。ちょっと特別《とくべつ》な 大人《おとな》の果物菓子《くだものがし》

2023年4月20日　第1刷発行

著者　yuka*cm《ユカセンチ》
発行者　佐藤 靖
発行所　大和《だいわ》書房
〒112-0014
東京都文京区関口1-33-4
電話　03-3203-4511
印刷　歩プロセス
製本　ナショナル製本

ISBN978-4-479-92164-6

https://www.daiwashobo.co.jp